Premiere Collection

土口史記

先秦時代の領域支配

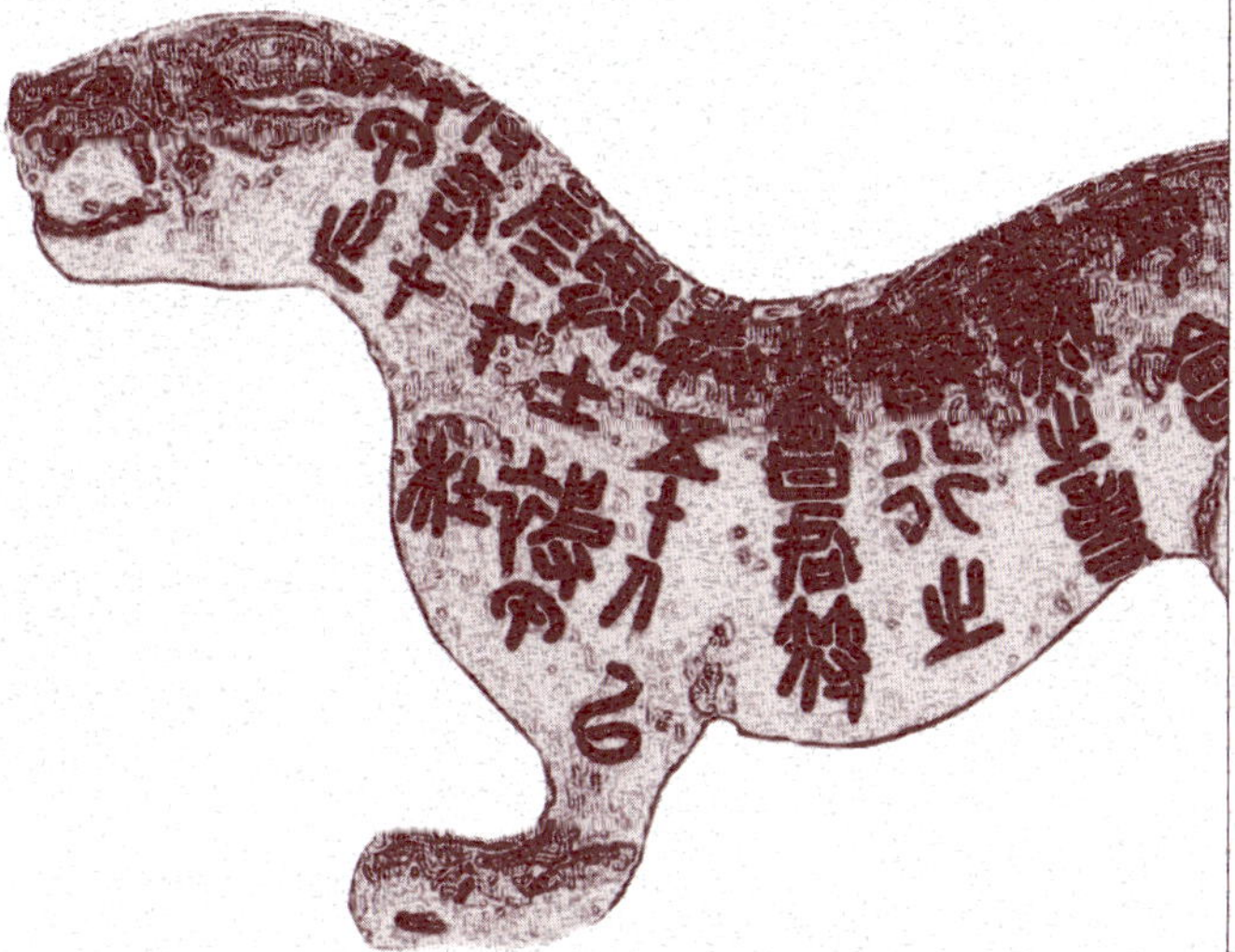

京都大学学術出版会

プリミエ・コレクションの創刊に際して

「プリミエ」とは、初演を意味するフランス語の「première」から転じた「初演する、主演する」を意味する英語です。本コレクションのタイトルには、初々しい若い知性のデビュー作という意味がこめられています。

いわゆる大学院重点化によって博士学位取得者を増強する計画が始まってから十数年になります。学界、産業界、政界、官界さらには国際機関等に博士学位取得者が歓迎される時代がやがて到来するという当初の見通しは、国内外の諸状況もあって未だ実現せず、そのため、長期の研鑽を積みながら厳しい日々を送っている若手研究者も少なくありません。

しかしながら、多くの優秀な人材を学界に迎えたことで学術研究は新しい活況を呈し、領域によっては、既存の研究には見られなかった溌剌とした視点や方法が、若い人々によってもたらされています。そうした優れた業績を広く公開することは、学界のみならず、歴史の転換点にある21世紀の社会全体にとっても、未来を拓く大きな資産になることは間違いありません。

このたび、京都大学では、常にフロンティアに挑戦することで我が国の教育・研究において誉れある幾多の成果をもたらしてきた百有余年の歴史の上に、若手研究者の優れた業績を世に出すための支援制度を設けることに致しました。本コレクションの各巻は、いずれもこの制度のもとに刊行されるモノグラフです。ここでデビューした研究者は、我が国のみならず、国際的な学界において、将来につながる学術研究のリーダーとして活躍が期待される人たちです。関係者、読者の方々共々、このコレクションが健やかに成長していくことを見守っていきたいと祈念します。

第25代　京都大学総長　松本　紘

目次

目次

緒　言

一

中国古代国家がその広大なる領域をいかに支配したか。中国古代史研究において、この領域支配の問題は一貫して重要なテーマであり続けている。その最も中心的な課題は、秦漢代に成立するとされる「郡県制」の特質解明にある。郡県制はのちの中国史全体にわたり地方統治制度の基調として踏襲され、皇帝による中央集権的支配の核心を担う制度という位置づけから重視されてきたが、もとより秦漢帝国を構造論的に把握するためにも不可欠の検討課題であった。

このことは裏を返せば、それ以前の時代、すなわち先秦時代に対する認識を決定づけるものであった。先秦時代は郡県制の形成期とみなされることになり、研究の関心は専ら秦漢との相違を見出していくという点に置かれることとなった。そのため、先秦時代における領域支配は、郡県制の形成過程という観点から捉えられてきたのであり、それは秦漢帝国の形成史という関心からはごく当然の帰結であった(1)。こうした「郡県制形成史」という枠組みは、資料の扱い・評価・組み立てに大きな影響を及ぼさずにはいなかった。本書の目的はそうした枠組みを「ずらす」ことにある。

先秦時代の領域支配は一直線に郡県制に帰結するわけではなく、そこには制度・運用両面における前進や後退、あるいは地域的な差異を含む、より多様な支配方式が存在したはずである。「郡県制形成史」という発展論的な図式では、ありえたはずの多様性を見落とす危険性がある。

先秦時代の諸国家は、一様に「郡県化」なるレールの上を進んでいったわけではないという問題意識のもと、本書では研究の視野を「郡県制」に絞るのではなく、より一般的に「領域支配」と設定する。そのことによって、これまで郡県制に結びつかないとして無視ないしは見落とされてきた事象にも眼を向け、新たな評価を図るとともに、その知見から再度「郡県制」を見通すことが可能となるだろう。すなわち本書は、「郡県制形成史」の相対化を図る一方、その再評価をも目指している。本書の題目に「郡県制」等の用語を用いず、「領域支配」と一段抽象度を上げた呼称を用いたのは、こうした問題意識を有するがためである。

ここでいう領域とは、ごく自然に、先秦時代の諸国家がその支配権を及ぼしうる地理的範囲のことである。ただし注意しなければならないのは、それが法令等の制度資料によって明確に示されるわけではなく、「領域」を定義するための直接の同時代資料はほとんど皆無であるということである。従って「領域とは何か」という問題に正面から解答を与えることは困難であるが、いくつかの要素によってその輪郭を窺い知ることはできる。邑や県と呼ばれた当時の地方聚落・行政組織・人々の居住地に対して、その所属・支配者は資料上の文脈からほぼ確定できるため、完全とはいかずとも、諸国の「領域」の容貌とその変遷をある程度復元することが可能である。そうした支配域の集積を本書では「領域」と称していくこととなる。

その「領域」を、諸国はいかに支配・統合しようとしたか、これを具体的に追究することが本書の課題であるが、(2) とりわけ国都から隔たった土地への支配をどのように維持・遂行し、また強化していったのかという点に特に注目する。そのため、領域支配 territorial control と称しつつ、実際の検討内容としては地方支配 local control に比重を置くことになる。

二

本邦における中国古代史研究においては、殷末から春秋にかけての「都市国家」から戦国時代の「領土（領域）国家」へという国家形態の発展が宮崎市定氏らによって提示された。(3)こうした理論的・国制史的枠組みを批判検討する試みは、研究の関心が個別実証に重点化したこともあって近年ではさほど多いとは言えないが、太田幸男二〇〇〇が都市国家から領土国家への展開という過程自体に異議を唱えていることが注目に値しよう。(4)氏は春秋期を都市国家と位置づける所論に対して、この時期の国家が単一の都市のみならず、附庸や封邑、県をもその構成要素として含んでいたとして、春秋期において既に「領域国家」に近いものが主流であったのではないかと述べる。(5)

しかしながら松丸道雄一九七〇が指摘しているように、殷代でさえその国家構造は複数の邑から構成されるものであり、首邑や都城のみが国家の構成要素であったわけではないことは夙に明らかであったはずである。『左伝』を繙けば、都城（「國」）とその属邑との関係や、それをとりまく境界、領域といった概念が一般に見られ、当時、ただひとつの都市によって国家が構成されたのではないということに直ちに気づかされる。「都市国家」論者が単純にそれを無視していたとは思えず、それは既に前提となった上で立論していたと見なすべきであろう。そうした前提に立ったとき、問題とすべきは、春秋・戦国という歴史過程の中で、領域に対する支配権が伸張し、地方統治制度や手段が整備されていった変化の面であって、異なる時代に同じ要素を発見したことで事足れり、とするわけにはいかない。

戦国期における「領域」は、所謂戦国七雄のごとき国家が春秋期以前より続く小諸侯国を滅亡、併呑することにより拡張する、といった明白な事実があることももちろんであるが、一方でその領域内部の充実ということも考慮すべきであろう。増淵龍夫「先秦時代の山林藪沢と秦の公田」（増淵一九九六第三編第一章）は、春秋・戦国期を通じた君主権の伸張を支えたものとして山林藪沢の支配権獲得という背景があったことを論証したことで有名な論考だが、それならば、こうした実効支配領域の量的・質的な変化に伴い、中央支配機構の充実だけではなく、地方支配の制度・手段も整えられていったと考えるのが自然であろう。吉本道雅氏は、「春秋・戦国統治機構の決定的な相違は、「領域」の名に値する支配対象の質量両面における拡大であり、これに伴う行政スタッフの膨大化であろう。膨大化した統治機構の維持運営には人格性を排除した、正に「官僚制的」な編成がその枠組みとして不可欠である」と述べる（吉本二〇〇一、八三頁）。中央が地方をより強固に支配し、領域支配のあり方がより内実を備えてゆくその過程こそが問われねばならないのである。

以上のような国制史的展開をいかに把握するかという議論の基礎には、当然ながらより具体的・微視的な実証研究が存在している。中でも、従来は領域支配の展開を解明するために、「郡県制」の制度史的研究が行われてきた。具体的な成果については本論に言及するのでここでは述べないが、より一般的な問題点をまず指摘しておきたい。それは、先秦時代の領域支配を「郡県制形成史」としてのみ捉えるならば、秦漢のそれを完成形態とみなすことが必然的に前提され、そこから逆算して先秦時代の後進性や秦漢代との距離を描き出すという手法が専ら採用されることになるということである。このことは、資料の扱いにも大きく影響し、必然的に「郡」「県」の語の重視、それ以外の軽視という状況が生じることとなる。

秦漢以後の感覚では、都市一般を「郡県」と呼ぶことはごく当然のこととなった。しかし、その認識はそのまま先秦時代にはあてはまらない。例えば、『戦国策』趙策三「趙は河北を有ち、齊は河東を有つ」という記載に対して、鮑彪は特に「此の二は郡に非ず」と注している。それはもちろん「郡県制の成立」云々という観点からするものではなく、この記述が漠然と河北・河東という地域を指すことに注意を促すものにすぎない。しかし郡県制が一般となった秦漢以後においては、先秦時代のこうした地域名、特に秦漢以後も郡県の名称として採用される地域名が、安易に「郡」または「県」の存在を肯定するものと読み替えられがちであったことに留意しておかねばならない。それが「郡県制形成史」の観点が引き起こす「偏り」であったからである。

また『左伝』とその注釈を例に取れば、杜預は隠三「成周」に対して「成周、洛陽縣なり」と注し、宣十二「沈尹 中軍に將たり」に『沈或いは寢に作る、寢縣なり」と注しており、『左伝』の地名を杜預当時の「県名」で説明する。地名に関する杜注は大部分がこうしたスタイルであり、杜預当時においては何ら不自然ではない。だが、それによって春秋期に「洛陽縣」「寢縣」が存在した根拠であると判断するような手法は当然ながら採ることはできない。

もとより完全なる同時代資料のみを抽出した先秦史研究は、特定の資料研究でもない限り、現実的には不可能に近い。とはいえ、郡県制成立以前を時代対象とするならば、前述のごとき後世の認識を排除する必要があることは言を俟たない。そのため本書では、少なくとも文献史料に付せられた後代の注の認識は採用しないことを原則とする。無論、経書の解説として注・疏が有効であることは言うまでもなく、それは最大限に活用していきたい。ここで回避しようとしているのは、後代の注に基づいて某は郡または県である、とするような議論である。それによって、できる限り郡県制成立以後の認識を排除し、先秦時代の認識を抽出することに努める。

また、『春秋』『左伝』等の経書を用いる場合、そこでの経学的議論は差しあたり回避する。例えば、『左伝』襄十一に魯が「三軍」を作ったことが見え、当時の軍制改革を示す重要な史料としてしばしば論点となってきた。しかしこうした史料は総じて断片的にしか残されておらず、同じ文献の中にその実態を求めようとしても材料に欠け、事実上その中身は後代の注釈に頼って復元するほかない事態に陥ってしまうからである。

三

吉本道雅二〇〇五が批判するように、従来の先秦史研究においては、殷周史・秦漢史とに関心が大きく分断されてきた。そのため、春秋・戦国期を通じた時期は、そのような状況を打開しうる重要な検討対象であり、春秋・戦国にかけての通時的な歴史像を提示することは現在の先秦史研究において必須の課題と言ってよい。そしてそれは領域支配という問題関心においても避けて通れない。

こうした問題意識に立ち、本書は意識的に歴史「過程」を重視する。これまでの「郡県制形成史」の研究を概観したとき、制度史的研究においては動態的な歴史過程、現実的な地域や空間への配慮がなお不足しているように思われる。従って、制度の形成および展開を、現実の歴史的・地理的舞台を意識しつつ検討することが求められる。

そのため本書は意識的に事件史的資料に重点を置き、「県」「郡」をめぐる諸国の政治的・軍事的動向や領域の実際に注目することで、間接的にそれらの制度的実態に迫るという手法を採る。資料に残された政治的・軍事的事件においては、それに関わる人物の発言や会話といった部分はともかくとして、少なくともそれが発生した年代や場所については後代の潤色や改変、混乱を被りにくいと考えられ、あくまで相対的にではあるが、より確実に当時の情報を保存していると予想されるからである。

一方で、金文・簡牘など出土資料に依拠した研究が近年めざましい成果をあげており、それは領域支配に関する議論にも関係するものである(6)。主としてそれは戦国期に関してであるが、特に「郡県制」との関連で言えば、青銅礼器や兵器に刻された紀年・官僚機構名・製造監督者・置用地といった重要な一次資料が存在し、それらに基づく研究が盛んに行われている。それらは、文献史料に不可避の後代性・編集の重層性といった問題とはほとんど無縁であることが最大の利点である。筆者自身、その集成による制度の復元という行為に魅力を感じずにはいられない。しかしながら、出土資料が増加しつつあり、しかも紀年を持つものも無視できない分量になっているとはいえ、用いられる銘文の内容はおおむね断片的な記述に止まり、歴史過程、歴史的文脈という側面を重視し、制度的な展開・発展を解明しようとするためには、なお基本的でありかつ最大の規模を持つ文献史料を利用した研究からまず着手せねばならない。以上の理由から、本書では近年の出土資料研究による成果に多く依りつつも、主たる材料は古典籍を用いることとなる。

四

以上、本書に関わる全般的な問題と方針について述べてきた。本論に先んじて、議論の内容を少し紹介しておきたい。

まず第一章は春秋期を対象とする。春秋期に関しては、殷周以来の一般的な聚落たる「邑」に対し、『左伝』等に見える「県」が新たな支配方式とみなされ、その性質解明に議論が集中してきた。増淵氏の「先秦時代の封建と郡県」（増淵龍夫一九九六第三編第二章）は、春秋期の「県」が秦漢期の直轄地としてのそれとは異なることを論証し、春秋「県」と秦漢「県」との断絶面を指摘したが、以後はこの是非をめぐって研究が展開し、楊寛・平勢隆郎・齋藤道子氏などによる春秋「県」の個別実証的研究は増淵説に一定の修正を迫った。しかしながら、増淵氏以後の春秋「県」制研究は、専ら「県」の特質を追究することに沈潜しており、ごく一部に過ぎない「県」が過剰に評価されてきた。さらに春秋「県」の特殊性を追究するという姿勢は、必然的に先秦時代を通じた議論への発展を妨げてきた。こうした状況を打開するため、「邑」全般に着目して考察を加え、「郡県制」に拘泥しない領域支配の様相を描き出す。特に、邑への軍事的要請が支配強化の契機になったという増淵氏の説を援用し、当時の邑一般に課せられた軍事的課題の一端を明らかにする。

続く第二章では春秋・戦国に跨る時期を、第三・四章では戦国期を主たる対象とする。戦国期については、郡県制との関連でまとまった研究として江村治樹二〇〇〇や藤田勝久二〇〇五があるが、それを初めとして従来の研究に頻見するのは、中央集権の強度に注目するという視点であり、戦国秦における集権性、東方六国における非集権性がしばしば強調される。統一を成し遂げた秦の郡県制を基準とし、それとの対比において中央集権の達成度が測られるのだが、ここに見出される問題点は、まず①秦対六国といった同時代的比較に一定の成果はあげられているものの、春秋期からの接続あるいは変化といった流れに位置づける試みがあまりなされていないこと、②六国における非集権性が指摘されてはいるものの、概ね秦との差異が指摘されるにとどまり、秦以外の国を対象とした実証研究が不足していること、③「県」の上部機構としての「郡」が戦国期以降はじめて出現するが、なお議論が乏しく、とりわけ一九九〇年代以降では新たな研究の進展がみられていないことである。これら三点の問題は、それぞれ第二・三・四章において取り扱う。

①の問題は、既述の通り春秋史研究の側からも問題はあったが、戦国史研究の側からも同様である。春秋・戦国それぞれの研究が断絶し相互の対話がさほど行われないのは、それぞれの時代を検討するうえで扱うべき資料が異なるということも一因である。編年的な『左伝』を基本資料とする春秋史研究が時代の展開を追いやすいのに比して、情報が複数の資料に跨り、まま矛盾も見られる戦国期の検討は相対的に困難である。戦国期に入れば、領域編成の単位として「県」がより普遍化し、またその長官が「令」と称されるようになったことは資料に明らかであるが、それが具体的にいつのことであるのか、変化を明示する資料は、商

鞅変法の一環としての秦の「県」制採用をほとんど唯一の例外として、皆無と言ってよい。先秦時代を通じた制度史的研究を行うにはこうした困難が存する。

これを踏まえつつも、第二章においては零細な「県」の記事を抽出し、時代による用例の変化と地域差を探ることによって、領域編成の単位としての「県」が西周→晋→魏→秦と継承されていくこと、「辺鄙の地（県鄙）」という一般的な意味での「県」がより古風な用法として、春秋以来の楚と「商鞅県制」以前の秦に共通していることを指摘する。秦は商鞅による県制導入によって領域支配の転換点を迎えるが、それは魏において整備された県制を採用したものと考えられる。それでは戦国中期までの魏において県制がいかなる展開を遂げたのか。それを考えるために魏の領域支配の実態を検討し、恵王期（前三六九～三一九）以降、魏では従来の東西二元型の領域構造の不安定を解消する動きが顕著に見られ、ここに至ってようやく「中央集権」的な県制が発展したことを推定する。

春秋戦国期の魏および秦に関わる領域支配の展開を第二章で検討したのち、つづく第三章では上記②の課題、すなわち秦以外の国を対象とした実証研究に移る。現在、戦国史研究で最も研究が集中しているのは楚国であることは周知の事実であるが、それは新出土資料とりわけ竹簡が楚地に集中して出土していることが背景にある。ここではそのうちの一つである包山楚簡を用いることで、当時の楚における領域支配の具体相に踏み込んでいきたい。それはまた、第二章において明らかにした「県」の系譜とは異なった、すなわち秦漢郡県制に直結するのとは別系統の領域支配について追究するものでもある。ただし包山楚簡は、楚文字資料が格段に増加した現在にあってもなお難解を極める。読解の難しさは包山楚簡が司法文書であるという稀少性からして不可避の障壁であるが、比較検討に供しうるような類似の内容を持つものは現在のところ江陵磚瓦廠M370楚墓出土竹簡[7]のようにごく少数、断片的なものしか存在しない。畢竟、包山楚簡所見の地方行政組織すべての性格を明らかにすることは叶わないため、ここでは特に「宧」なる組織に注目して先行学説を再検討し、これまで有力であった「県」に読み替える説が成立しえないことを指摘する。同時にその長官と目されてきた「宧大夫」が、たとえば県における県令のごとき長官を示す名称ではなく、下達される命令文書中で「宧」に関わる複数の官を漠然と指し示す用語であることを論証する。「宧大夫」はその字面から容易に「邑大夫」との関連を想起させるものであり、実際これまでの研究者もそのように理解する者が多かったが、「邑大夫」なる語を以て邑の統治者を汎称することは先秦文献には登場しておらず、このような連想は語彙の時代性に配慮すれば成立しがたい。

③郡の問題を取り扱うのが第四章である。春秋期においては県が郡を下属させるような「県大而郡小」の状況も窺われるが、それは戦国以降の「郡県」に直結していくものではない。県の上級単位としての「郡」の制度は戦国中期以降に資料が増加するため、この時期に開始したと推定できるものの、現存資料中には「郡」の発生について言明するものはない。郡はいかなる契機において発生し、県の上級単位として「郡県」を構成するようになるのか、このことを第四章では明らかにする。

従来、県に関する研究に比して郡に関する研究は乏しかったと言えるが、それは県が西周・春秋以来、文献史料・出土資料の双方に見られる一方で、行政組織としての郡は戦国期以降にしか現れないこと、また郡が担った地方行政上の役割があまり重要ではないと考えられてきたことに起因している。ところが近年、出土資料を利用した研究によって、戦国期の郡の具体的な姿を考察することが可能となった。これによって郡に対する旧来のイメージは再検討を要することとなった。第一に取り上げるべきは、確実な資料が豊富な秦の郡である。ここではその設置過程と現実の地理的状況について検討し、秦の領域は紀元前四世紀半ば、関中地域（内史）からその外部へと急速かつ大規模に拡大するが、このことが郡の設置される重要な契機であったということを明らかにした。このような領域拡大は当時の秦に特殊な歴史経験であり、魏をはじめその他六国においては同規模の領域拡大の経験はほぼ皆無であり、したがって広域の統治機構たる郡を設置する契機にそもそも欠けていた。それを踏まえ、従来魏の郡とみなされてきた資料を検証すると、その多くが信頼性に欠けていることが判明する。従来、郡とは戦国期の諸国に共通の制度として捉えられてきたが、そうした認識は必ずしも正確ではなく、統一に成功したという点において特殊な存在である秦において創設されたものであった。

附論として収録したのは、本書の「郡」「県」に関わる議論を特に抽出し、一編にまとめて中文に翻訳したものである。これはもともと二〇一〇年一二月一七日、中央研究院歴史語言研究所にて「古代文明研究室専題演講」として報告の機会をいただいた際に用いた資料であるが、中国語圏への発信ということを考慮してここに収録することにした。この部分だけで通読できるよう、先行研究の引用はすべて書誌を付した。なお翻訳にあたっては李文明氏（京都大学大学院人間・環境学研究科博士）の協力を得た。記して感謝申し上げたい。

以上、本書全体の方針と内容について簡述した。従来の先秦時代領域支配研究は、春秋・戦国それぞれで異なる問題意識を有しており、相互の関連が極めて薄かったことを最後に付言しておきたい。本書の構成が春秋・戦国間を通じた時代幅を取っているのは、そのことを強く問題視する所以である。

[注]

（1）戦後日本における中国古代帝国形成史論としては、西嶋定生一九六一序章第四節「秦漢帝国形成史の学説史的展望」、増淵龍夫一九九六序論第三節「秦漢史研究における問題の所在」などを参照。これらは論争の担い手本人による総括である。その後の研究総括を挙げれば切りがないが、差しあたり地域史的観点からの研究総括として、藤田勝久二〇〇五序章「戦国秦漢地域史の研究」を挙げておきたい。

（2）西周の領域を論じたものとして松井嘉徳二〇〇二第Ⅰ部第一章「周の領域とその支配」がある。また貝塚茂樹一九七六第二部第三章「春秋戦国時代の国家の領域」は春秋・戦国期の領域の実測面積を復元する試みである。

（3）「領域国家」と「領土国家」の語について、これらは特段の区別なくほぼ同義で用いられるのが一般である。本文中にも言及した太田幸男二〇〇〇は、宮崎市定氏や貝塚茂樹氏の考える古代中国の国家像を、「まず都市国家は春秋時代をピークとし、戦国時代に入って領土国家もしくは領域国家に転化していく」と総括しており、両者を区別無く使用している。また藤田勝久二〇〇五も、中国古代史においては「戦国諸国の領域拡大に注目して、殷周時代の都市国家（あるいは邑制国家）から戦国時代の領土国家（領域国家）、秦漢統一国家という変化をみる考え方がある」（二頁）と述べるように、特に区別していない。なお、貝塚茂樹一九七六は次のように領土国家を「郡県制国家」と同義に用いている。「都市国家群をなしていた春秋列国のなかから、晋、楚、斉、魯、宋、秦、呉、越などの諸国が近隣の小都市国家を兼併して、広い地域を支配する郡県制国家つまり領土国家に転化しようとしていた」（三五七頁）。

（4）宮崎市定一九九一所収「中国上代は封建制か都市国家か」、貝塚茂樹一九七六所収「都市国家から領土国家へ」を参照。また、殷周時代に関してはこれを邑制国家と称すべきとする意見がある（宇都宮清吉一九五五、松丸道雄一九七〇）。一方、岡村秀典二〇〇五第二章は考古学の立場から殷周時代の都市の性格を論じ、文献・出土資料を用いた研究が支配体制のみから「都市」を定義づけてきたことへの疑問を提示している。

（5）その他、下田誠二〇〇八bは戦国国家の「領域」の内実に関する先行研究を整理しつつも、戦国期の国家を「領域国家」とする議論に懐疑を示し、再検討を期すると述べている。

（6）例えば江村春樹二〇〇〇、佐原康夫二〇〇二、下田誠二〇〇八aなどを参照。

（7）陳偉一九九八a、滕壬生・黄錫全二〇〇一参照。

第一章　春秋時代の領域支配——邑とその支配をめぐって

序　言

先秦時代における領域支配の展開は、秦漢郡県制をひとつの制度的完成形として、そこに至るまでの整備・発展の過程として捉えられてきた。

殷周以来、人々の集住する土地は「邑」と汎称される。(1) 春秋時代においてもそれは同様だが、従来の研究では邑に対して「県」を新しい支配制度の出現として画期とみなし、その性質、特に秦漢郡県制との距離の解明に関心を集中させてきた。そこには周知の如く豊富な研究の蓄積がある。しかしながら、それらが当時における領域支配の総合的解明に十分結びついてきたとは言いがたい。春秋期に限れば県の存在はむしろ特殊であり、邑全般の推移を踏まえず県のみに検討の対象を絞る方法は、春秋県を特殊なものとして過剰に評価させ、同時代の邑全般を視野に入れたうえでの正当な位置づけを阻害してきた。

一方、県以外の邑を正面から検討した研究は非常に手薄であった。松本光雄一九五二、同一九五三はその先駆というべき業績だが、その後、学界の主たる関心が県へと移行したことにより、邑全般を対象とする問題意識は継承されなかった。近年では小林伸二一九九二、同二〇〇一などが邑の軍事化・自立化を論じているものの、そこでは逆に春秋県の研究史、特に増淵氏以後の研究成果への配慮が限定的となっている。

従来の研究は邑を等閑視してきたわけではないが、それらは邑のあり方の解明に意を注ぐものではあっても、県研究の成果と十分に結びついてきたとは言いがたい。邑が地方支配機構の一端として、軍事・経済など様々な面でその役割を増大させていくことは論者によらず共通の認識であるようだが、その展開について、県研究・邑研究双方の成果を活かしつつ跡づけていく必要がある。本章で敢えて春秋期の領域支配を再検討しようとする所以である。

資料状況について付言しておくと、戦国から秦漢にかけては、雲夢睡虎地秦簡や各種漢簡をはじめとする豊富な出土資料によって、地方統治機構のより具体的な様相が解明されつつある一方、春秋期ではそうしたまとまった出土資料は現在のところ発見されておらず、依然として文献史料に頼らざるをえない。しかし、文献に依拠した従来の研究は、春秋県の特殊性追求に偏り、その結果、上述した同時代的問題のみならず、戦国期への議論の接合をも困難にしているように思われる。そのため、『春秋左氏伝』(2)が基本資料として再検討の余地をなお残していると考える。

なお、地理比定は主として譚其驤一九八二に拠り、必要な場合は諸種の注釈書ないし地理書を参照した。

第一節　県・邑の別

春秋時代の領域支配を考えるうえで、これまでの中心課題が春秋県の性質解明であったことは改めて強調するまでもない。そこでは、秦漢郡県制との差異、春秋県の独自性をどこに見出すかが問題となってきた。その研究史については既に松井嘉徳一九九三の整理があるため(3)、ここではそれを参照しつつ問題点の検証を行うこととする(4)。

顧頡剛一九三七は、楚秦の県は君主の直轄地であり、晋斉のそれは臣下の采邑であるとして春秋県を二分したが、増淵龍夫一九五八はこれを批判し独自の見解を提示した。「県」制研究史の方向性を決定づけたその見解を松井氏の整理に従い列挙すれば、(1)春秋県は直轄地・采邑に区分できるものではなく、両者の側面を不可分に有しており、世襲が可能であるなど、中央権力との関係においては従来の邑と変わらないということ、(2)県とは旧来の氏族的秩序を破砕して支配する新しい形式であるということ、そして(3)県は顕著な軍事的機能を持つことである。以下、それぞれの点について増淵氏以後の研究者の説を紹介しつつ、現時点での問題の所在を探っていきたい。

(1)に関して増淵氏は、県が必ずしも直轄地とはいえないことの根拠として、県の長官が世襲可能であったことを指摘したが、これに対して平勢隆郎一九八一は、楚では一般に県管領者の世襲が否定されていたことを論証した。これは増淵氏の事実認識に対して修正を迫るものであったが、世襲の否定という性質が春秋県の「制度」であったかというと、疑問が残る。吉本道雅氏によれば、楚においては特定家系の世族化が早期から抑えられたため、その結果として県の世襲は不可能であったという(5)。すなわち、世襲の否定には中央政権内部での権力のあり方が反映していたのであって、それは県自体に備わる性質ではなく、むしろ中央での政治状況の結果であったと言うべきである。県設置によってその邑は世襲が否定される邑に変化するわけではなく、世襲否定の状況は楚県が直轄地か否かといった議論とは無関係なのである。

一方、晋の場合について、平勢氏によると韓魏趙氏の本邑は世襲される傾向が、それ以外の県邑については世襲・非世襲の多様な状況があったという(6)。この状況自体に異論はないが、世襲有無の状況が提示されるのみでその原因が検討されていない点、検討の余地がある(7)。そして結論から言えば、世襲否定が県設置それ自体によって引き起こされると考えられる事例は管見の限り存在しない。

ここで平勢隆郎一九九八(一、八三頁)「晋国県・邑管領者の推移」表中の「管領者」とされている人物のうち、世襲が否定されたと氏が指摘する例を抽出し、それぞれについて検討しておく。表中に世襲否定時の状況を簡単に記したが(8)、そこに見えるとおり、事情の不明瞭な一部を除き、ほぼ全ての事例で出奔・殺害・一

表　世襲否定された「管領者」とその状況

管領者	県・邑	世襲否定時の状況
狐溱	溫	不明。賈季（狐氏）の出奔（文六）が関係か。
郤至（溫季）	溫	成十七年に郤氏族滅。成十七経「晉殺其大夫郤錡・郤犨・郤至。」
賈佗=賈季（狐射姑）	賈	狄に出奔。文六「十一月丙寅、晉殺續簡伯、賈季奔狄。」
原穀（先穀）	原	族滅。宣十三「冬、晉人討邲之敗與清之師、歸罪於先穀而殺之、盡滅其族。」
彘子（先穀）	彘	同上
歩毅（郤毅）	歩	成十六終見。成十七郤氏の滅が関係か。
欒懐子（盈）	曲沃	族滅。襄二十三「晉人克欒盈于曲沃、盡殺欒氏之族黨。」
郤稱	州	僖十に登場。郤氏の滅亡以前の人物。
欒豹	州	欒氏滅亡（欒懐子の欄参照）が関係か。昭三杜注「豹、欒盈族。」
祁盈	祁	族滅。昭二十八「夏六月、晉殺祁盈及楊食我…遂滅祁氏・羊舌氏。」
箕遺	箕	欒盈の党として誅殺。襄二十一「（范）宣子殺箕遺。」

族誅滅に遭っていることが確認できる。すなわち、これら世襲否定の事例では、管領者本人の被殺や後継者の不在という事情のため世襲できなかったに過ぎない。

県であることが明確な事例でも、僖公三十三年（前六二七）に「先茅之縣」が胥臣に賞賜されたとあるが、杜預によれば、先茅の後継が絶えたためその県が胥臣に与えられたという。[9] 後継者の不在といういわば非常事態のためにその県は世襲できなかったのだが、逆に言えば、後継者がいれば世襲可能だった可能性もあろう。ここでも、県である故に世襲が不可能であった、というような制度的規制を見出すことはできない。

このように、世襲が絶対であったとまでは言えないものの、晋県も平時においては基本的に世襲可能であり、世襲の可能性という性質においては他の邑と変わりないのである。この点で、増淵氏の指摘は何ら否定されるものではないことがあらためて確認される。結局のところ、春秋県の世襲の有無は、そこが県であるか否かとは無関係な外的要因、すなわち折々の政治状況の結果に過ぎなかったのである。

次に（2）について、増淵氏は、県と邑の違いはその社会構成にあるとして、「春秋時代の県は、その邑の原住氏族の組織秩序の中核を破砕して、これを支配する形式なのではなかろうか」[10]と指摘した。その根拠は、叔夷鐘鎛（斉侯鎛鐘）銘文の莱に属する「県」、及び楚の記事であり、そこには君主・太子の殺害や旧民の遷徙といった「中核の破砕」が見えるため、それが春秋県の画期的機能とみなされた。

しかしその後、齋藤（安倍）道子一九八四は、楚では県とされても「氏族秩序の破砕の程度は軽微であった」ことを指摘し、さらに谷口満一九八七は楚県内部の社会構成の多様性を指摘した。これらにより、楚県は内部の社会構成においても他の邑と明確に区別されるわけではないことが示された。

増淵氏の論証を振り返ると、氏が県設置＝「氏族秩序の破砕」の根拠としたのは、楚と斉侯鎛鐘の事例のみであり、晋県については直接に晋県の資料を検討したわけではなく、あくまで他例から類推した性格を与えたにすぎない。すると、楚県における「氏族秩序の破砕」が否定されたいま、晋県についても、「氏族秩序の破砕」という指摘はその根拠をほとんど失ったことになる。

ここまで、世襲の有無・氏族秩序の破砕という二つの問題について、それらが県設置と必ずしも因果関係を持つわけではないことを確認した。残されるのは、（3）軍事的機能の問題である。県の軍事的重要性は既に増淵氏も言及してはいたが、特に楚県におけるそれが楊寛一九八一、齋藤（安倍）道子一九八四などにより論じられた[11]。

しかしながら、確かに県の軍事性は際立っているものの、軍事的課題は諸侯国すべてに共通のものとみるべきであり、軍事的機能の向上は程度の差こそあれ、県・邑の区別を超越したほとんど普遍的な動向であろう。それならば、県の軍事的機能についても、県とされたためにその軍事的機能が際立つ、といった因果関係は想定できないのではないか。少なくとも、県に限定せず邑全般の軍事的状況と比較したうえでその結論は下されるべきである。この意味で、春秋県の軍事的機能については検証すべき点が残されている。

ところで、以上のような制度的検討とは別に、李家浩一九八七は西周金文に現れる「還」字が文献上の「県」字に比定できることを文字学的見地から指摘した。これに触発されたという松井嘉徳一九九三の主眼は、春秋時代の県と西周時代の「還」がその機能・性質の面でも類似していることを明らかにする点にあった。

ここで注目したいのは、松井氏が西周「還」と春秋「県」との連続性を見出した方法論である。氏は従来の研究で提示された春秋県の機能について整理し、そこに見出された春秋県の機能と、西周「還」の機能との一致を指摘した。ここでは機能の面から西周「還」と春秋県との類似性が指摘されたわけだが、このことが示唆するのは、文献上の「県」という表記が絶対視できないということである。文献上「県」と表記されるか否かではなく、その県・邑が領域内で担った機能や性質そのものに着目することが必要なのではないか。同時に、従来の春秋県研究に対する疑問が浮上してくる。すなわち、県・邑という表記上の区別によって、実際の機能や性質までもが区別されると考えてよいのか、という疑問である。

従来の研究は「県」という名称にこだわりすぎた感がある。春秋県が重視される所以は、もとより秦漢郡県制の県との表記上の一致にある。そして、表記上は一致するが、その性質は一致しないという認識のもと、春秋県の特質の解明が要請されてきた。しかし、問題は、その方法が春秋県自体の考察のみで県の性質を探るというものであったことである。

そうした方法上の限定性に加え、春秋県の定義にも問題がある。これまで春秋県と定義されてきたものは、明確に「某県」あるいは動詞として用いられる「県某」のように表記されるものが第一である（「県某」の意味については後述する）。それに加え、「某県」と表記されていなくとも、楚では「某公（尹）」、晋では「某大夫」が存在すれば、某は県であると判断するのが慣例であった[12]。しかし、後述するように晋の「某大夫」ならばまだしも、楚に関してはある土地が「県」であったという明確な資料根拠がないにも拘わらず、「某公（尹）」の存在からただちに某を県であると判断する議論が頻見する。さらに研究者間でもこの判断基準に相違が見られる[13]。そしてそこには往々にして経書の注釈など後代の資料が援用されている。そのようなものまで県の一例として採用していては、その範囲を無制限に広げることになってしまい、議論として危険ではないだろうか[14]。確かに、これまでにも春秋県の資料収集や歴史地理学的な考証の面では多くの成果があげられてきており[15]、本章の課題に対しても有益な啓発を与えてくれる。しかしながら如上の問題によって、研究対象が曖昧さを孕むことになり、そこに立脚して議論を展開させることを難しくしている感は否めない。したがって本章は「県」資料の収集にとどまらず、また厳密を欠くことを避けるため、上述の研究とは立場を異にして論じていきたい。

すなわち、いま要請されるのは、「県」の表記に拘泥せず、邑全般に視野を広げたうえで、その機能・役割について検討することである。むしろ県を位置づけるためにも、まずは同時代の邑のあり方が考慮されねばならないのである。ここで県についての議論はひとまず置き、当時の邑支配をめぐるより普遍的な問題について具体的に論じていくこととしたい。

第二節　邑とその支配権

一　領域と境界

邑支配の具体的な問題を考察する前に、邑によって形成される領域の様相について確認しておこう。春秋時代においては、諸侯の居住する都城、すなわち「國」に支配層・兵員が集住し、一国の政治力・軍事力は「國」に集中していた[16]。「國」も邑のひとつであるが、当時の軍編成の主要な部分を「國人」が担うことから[17]、「國」とは領域内で軍事力が極度に卓越した邑であると見なすことができる。一方「國」外においては、一般に複数の邑が支配下に置かれ、「國」と邑との結合が保たれることによってその国の領域が形成される。

領域の境界、すなわちその国にとっての辺境が意識される場合、それは「疆」「竟」と表現される。「疆」は、

夏、齊師と奚に戰うは、疆事なり。是において齊人 魯疆を侵し、疆吏來り告ぐ。（桓十七）

といった記事に見えるように、諸侯国の領域間の境界を指す[18]。したがって「辺境」の訳語が当たるが、その外部には当然、他国の領域が存在する。「疆」はまた、境界画定の手続きの意味で用いられることも多く、それが結果的には隣接する国同士の領域の境界となるのだが、この「疆」処置は、他国から邑を獲得した場合に行なわれることが多い[19]。邑における個々の境界画定作業が集積することによって領域の境界が形作られるが、当時の領域は、必ずしも全体をとりかこむ一円的な広がりというわけではなく、現実には複数国の邑が交錯する部分も存在する。清代すでに兪正燮が注目しているように、「越国鄙遠」すなわち「飛び地」のごとく遠隔地を拠点支配する方式も春秋時代には普通に見られる[20]。

「竟」も同じく領域の境界だが、ときにより広く「辺境」を指すこともある。哀公十六年（前四七九）、楚の太子建の息子勝は呉にいたが、子西は諫言を押し切って勝を呼び戻す。

子西曰く、吾聞く勝や信にして勇なりと。利あらずと爲さず。諸を邊境に舍き、藩を衛らしめんと。……之

を召し、呉竟に處らしめ、白公と爲す。（哀十六）

のちの白公勝の乱の張本である。ここでは「辺境」が「呉竟」に言い換えられているが、楚にとっての「辺境」は当然、呉との「竟」ということになる。[21]

以上に即して言えば、本章で問題となる邑とは、「國」外にあり「疆」・「竟」内にあるものということになる。そうした邑が「國」のもとに統合されることで領域が形成されるが、当時それは極めて不安定なものであった。当然ながら領域内の邑すべてに一様な支配権が及んだわけではなく、安定的に支配が及んだ邑もあれば、容易に離反を許してしまうような邑もあった。そうした状況下、邑の支配権はいかに理念され、いかに維持されようとしたか、次節で確認しておきたい。

二　邑の支配権

襄公二十六年（前五四七）、衛随一の有力世族である孫林父は献公と反目し、孫氏の采邑[22]である戚邑ごと晋に帰順する。この行為に対して『左伝』は以下のように評する。

孫林父　戚を以て晉に如く。書して戚に入りて以て叛すと曰うは、孫氏を罪するなり。臣の祿、君實に之を有す。義なれば則ち進み、否らざれば則ち身を奉じて退く。祿を專らにして以て周旋するは、戮なり。（襄二十六）

ここで「臣の祿」というのは、孫氏の采邑たる戚を指しているが、その「祿」は「君實に之を有す」ものだと理念されている。俸禄として賜与された采邑とはいえ、本来は国君に所有権があるべきとされているのである。また、昭公七年（前五三五）、かつて晋から鄭の公孫段に与えられていた「州田」が晋に返還されることになった。鄭の子産はこの処理にあたって、韓宣子に対し、「敢て以て君に聞せず、私かに諸を子に致さん。」と、晋侯を介さず邑を返還しようとしていたところ、一方の韓宣子は、「宣子 之を受け、以て晋侯に告ぐ。晋侯以て宣子に与う。」（以上昭七）と、晋侯に報告したうえ、晋侯からの賜与という形をとっている。ここには邑の所有権移動に際し、国君の存在が尊重され、その承認を得ることが規範的であったことが窺われる。無論、こうした説話は、後代の潤色を被っている可能性に注意しなければならないが、たとえ采邑であろうと国君を無視して私物化してはならない、といった観念は春秋時代にも存在したと考えてよいだろう。このように領域内のあらゆる邑の支配権は理念的には国君にあるとされていたと考えられる。(23)

ただしそれはあくまで理念に過ぎず、当然ながら現実とは相当の懸隔があった。まず、采邑主の意向に応じて邑ごと他国に帰順することすら可能であったことは、本節冒頭に掲げた孫林父の例から窺うことができる。実質的には采邑主がその邑を「私領化」しているのである。また後述するように、斉の盧は代々高氏の采邑であったが、二度までも高氏の叛乱拠点となっている。これも世襲に基づいて采邑を私領化していた一例として見ることができるだろう。(24)

そういった状況は、采邑以外の邑（所謂「公邑」）(25)においてすら同様であった。次節で詳しく検討するが、邑大夫など、邑に赴任して統治に当たる者は、現地で「邑人」(26)との関係を蓄積してゆき、甚だしくは両者が結束して叛乱に至ることもあった。(27)また、公邑においても邑大夫の地位が世襲される場合があったことは、(28)私領化に拍車をかけるものであった。

邑に対する国君の支配権がさほど実質をもたなかったことは、邑を賜与する際の意志決定においても窺うことができる。文公十八年（前六〇九）、莒の公子僕が紀公を弑殺し魯に亡命した。魯宣公はこれに邑を与えようとするが、季文子は先手を打って公子僕を追放してしまった[29]。また成公七年（前五八四）、楚荘王は了重の進言に従い、申呂の田土を切り取って賞賜とすることを許すが、甲公巫臣の諫言によって撤回されたという[30]。このように、世族等の有力者が国君による邑の自由な賜与、所有者の決定を強く掣肘する場合があった。その意味で隠公元年の記述は象徴的である。

初め鄭武公 申に娶り、武姜と曰う。荘公と共叔段を生む。荘公寤牛し、姜氏を驚かす。故に名づけて寤生と曰い、遂に之を悪む。共叔段を愛し、之を立てんと欲す。亟ば武公に請うも、公許さず。荘公の即位するに及び、之が為に制を請う。公曰く、制は巖邑なり。虢叔 焉に死せり。佗邑は唯だ命のごとくせんと。京を請い、之に居らしむ。之を京城大叔と謂う。（隠元）

武姜は共叔段のため荘公に制邑を請うが、荘公は「巖邑」であることを理由に拒否した。しかし制以外ならば望みどおりの邑を与えるとして、武姜の要求に妥協している。結局、共叔段には京が与えられたが、武姜の私意と荘公の危惧とのあいだで、妥協点として京が選択されたことになり、邑に関わる人物間での力関係が邑の所属を左右した様が端的に現れている。

以上のように、采邑・公邑を問わず、邑の理念的所有権は国君にあるとはいえ、その帰属を左右する実権は、采邑主や邑大夫らのもとに容易に移行しえた。すなわち、国君・采邑主・邑大夫などの力関係によって、邑の実質的な支配者は容易に変化しうるものであった。そういった状況において、邑を「國」のもとに結束させ、領域統合の維持を図るためには、国君と采邑主、あるいは国君と邑大夫との関係が安定していることが不可欠となる。

采邑主が世族等有力者である場合、彼らは国君と共に「國」に常居して政治に携わるが、邑大夫はその邑に居住するため、国君と日常的な関係を取り持たない。そこで、「國」に常居しない邑大夫と国君とがどのようにして関係維持を図ったのかが問題となるが、その手段について見ておこう。

平時において邑と「國」との結束が確認、維持される機会となったのは、邑大夫による「朝」、国君による「略地」（巡察）である。成公二年（前五八九）、衛が斉に敗戦した際、

新築の人仲叔于奚 孫桓子を救い、桓子是を以て免る。既にして衞人之を賞するに邑を以てす。辭し、曲縣・繁纓を以て朝せんと請う。之を許す。（成二）

とある。仲叔于奚は杜預によれば「守新築大夫」であり[31]、新築を統治する邑大夫であろう。賜邑の代わりに、「曲縣・繁纓（ともに諸侯並みの礼式）を以て朝」すること、すなわち「朝」時の礼式の格上げが許されたというから、邑大夫が国君に「朝」する際に定式があったことがわかる。邑大夫は平時から一定の間隔で国君に「朝」していたと考えてよいだろう。なお新築の位置について、杜預は不明とするが[32]、王夫之の考証によれば衛と斉との境界付近である[33]。こうした辺境の邑だけでなく、あらゆる邑大夫に「朝」が課せられていたと思われる。

「略地」（巡察）については、

公將に棠に如き魚する者を觀んとす。臧僖伯 諫めて曰く……。公曰く、吾れ將に略地せんとす。（隱五）

とある。魯隠公は漁を見に行こうとしたが諫言され、「略地」するつもりなのだと言い訳したという[34]。ここでは言い訳として「略地」を持ち出しているが、実際に国君による巡察が行なわれることがあったからこそ言い訳として成立するのであろう[35]。

このように、邑大夫の「朝」、国君の「略地」が一定の恒常性を持って行われることによって「國」と邑との結束の維持ないし回復が図られていた[36]。しかし、こうした手段は、移動の必要性ということからして、「國」と邑との物理的距離が障害となる。そのことは、領域の統合を不安定にさせるとともに、邑支配の強度に大きな濃淡を生じさせることになった。さらに、領域内に点在する有力世族の采邑には国君の支配権はほとんど及ばない。従って、邑がその国の支配を離れていくことも珍しくはなかった。次節ではそうした具体的な事件に注目し、邑支配上の問題について考察する。

第三節　「以邑叛」にみる「邑人」支配の問題

一　「以邑叛」と「邑人」

邑支配の困難さは、領域内の大邑に対する為政者の危惧が『左伝』に散見するところからも窺われる。昭公十一年（前五三一）、楚霊王が公子棄疾を蔡公に任命するにあたり、「國に大城有るは何如」と申無宇に下問したが、申無宇は、

> 鄭の京・櫟 實に曼伯を殺し、宋の蕭・亳 實に子游を殺し、齊の渠丘 實に無知を殺し、衛の蒲・戚 實に獻公を出す。若し是に由りて之を觀れば、則ち國に害あり。末大なれば必ず折れ、尾大なれば掉わず。君の知る所なり。（昭十一）

と、具体例を挙げて危惧を示した[37]。関わり方はそれぞれ異なるものの、いずれの例も大邑の存在が「國」の政権を揺るがした事件である。そうした大邑は、しばしば政変などで「國」を落ち延びた離反者の叛乱拠点

となり、「國」と対立、抗争することがある。「某邑を以て叛す（以邑叛）」、「某邑に入りて以て叛す（入于邑以叛）」などと記される事件がそれである。(38)本節では、この「以邑叛」事件に焦点を当てたい。「以邑叛」によって領域の統合は一時的に破壊されるが、その具体相を検討することで、邑支配における問題の一端を明らかにすることができるだろう。特に注目したいのは、事件の過程において、邑現地の民すなわち「邑人」の動向がしばしば確認できることである。平時におけるその動向は資料に現れにくいが、邑支配の問題を考えるうえで被支配集団たる「邑人」の存在は無視できない。本節では「邑人」支配の問題をも併せ考えていきたい。

さて、「以邑叛」事件に言及する従来の研究(39)では、叛乱者の拠点がその旧采邑である、もしくは居住・統治の経験があるなど、叛乱者と拠点邑との関係が深い事例が取りあげられてきた。例えば、襄公二十三年（前五五〇）、晋の欒盈が亡命先の斉からかつての采邑たる曲沃に潜入し、その後、晋都絳に攻め入るが、その際に「曲沃人」の協力が見られたことは有名である。かつての「主」である欒盈が出奔した後も、「曲沃人」がその忠誠心を変えることなく、一旦欒盈が帰還するや、決死の覚悟で彼を支持したことは、「邑人」とその采邑主との強固な関係を物語るものとしてしばしば注目されてきた。この曲沃の事例以外にも、「邑人」と叛乱者との結託は『左伝』に散見する。曲沃の場合ほど顕著ではないため、これまでさほど注目されてこなかったが、そこに「邑人」の動向が窺われることもあるため検討しておく必要があろう。

まずは本節冒頭の申無宇の発言にも登場した櫟の事例である。桓公十五年（前六九七）、鄭厲公は、専権を振るった祭仲との対立から蔡に出奔する。代わって昭公忽が即位していたが、同年秋、厲公は復権を図る。『左伝』の記述によれば、

秋、鄭伯（厲公）櫟人に因りて檀伯を殺し、而して遂に櫟に居る。（桓十五）

と、「櫟人」の助力を得、櫟の邑大夫であった檀伯を殺害したという。[40] 厲公はそのまま櫟を拠点とし、「國」の昭公・祭仲政権に対抗することとなる。厲公の姻戚であった宋を中心とした諸侯の外援を受けつつ、[41] 厲公は十年以上独立を維持する。この間さらに勢力を拡大し、[42] 荘公十四年（前六八〇）に至りついに「國」に侵攻して復位する。[43]

以上が鄭厲公の出奔から復帰までのあらましだが、櫟へ入るにあたり「櫟人」の協力を得ていることが注目される。櫟はもともと厲公が公子時代に居住していた邑であった。[44] その当時、厲公は櫟の統治に当たっていたと思われるが、「櫟人」の協力はその頃に培った関係から得られたものであろう。厲公が櫟で長期の独立に耐え得たことの背景には、姻戚たる宋の援軍を得られたことや「國」側の政権不安定[45]といった事情がある。しかしそうした外的要因だけでなく、櫟の内部において叛乱当初から「櫟人」の支持を得られたことが、櫟での長期の独立を支えた重要な要素であったと考えられる。

次の事例では「邑人」の具体的行動は明確ではないものの、叛乱者と拠点邑との関係が明白であり、そこから叛乱者が「邑人」の支持を得られたであろうことを推察できる。すなわち斉における高氏の叛乱であるが、その叛乱は二度に及び、共に盧を拠点とする。最初の事例は成公十七年（前五七四）、慶克との密通を知られた聲孟子（斉霊公の母）は、高・鮑・國の三氏を霊公に讒言し、以下の事件に至る。

秋七月壬寅、鮑牽を刖りて高無咎を逐う。無咎 莒に奔り、高弱 盧を以て叛す。……齊侯 崔杼をして大夫と爲さしめ、慶克をして之を佐けしむ。師を帥いて盧を圍む。國佐 諸侯に從いて鄭を圍めるに、難を以て請いて帰る。遂に盧師に如きて慶克を殺し、穀を以て叛す。齊侯 之と徐關に盟して之を復す。十二月、盧降る。

（成十七）

七月、高無咎は莒に出奔したが、無咎の子高弱は盧に拠って「叛」する。しかし崔杼率いる討伐軍の攻撃を受け、十二月には降伏に至る。なお同時に國佐が穀で「叛」していることについては後に触れる。

襄公二十九年（前五四四）、二度目の叛乱でも高氏は盧に入る。

秋九月、齊公孫蠆・公孫竈 其の大夫高止を北燕に放つ。乙未、出づ。……高氏の難の爲の故、高豎 盧を以て叛す。十月庚寅、閭丘嬰 師を帥いて盧を圍む。……十一月乙卯、高豎 盧を致して晉に出奔す。（襄二十九）

公孫蠆・公孫竈によって高止が追放されたことに対し、その子高豎がやはり盧で「叛」することとなった。閭丘嬰が討伐の師を率いて盧を包囲すると、高豎は高氏の後継を立てることを条件に、盧を明け渡して晋に出奔した。

盧については、成十七杜注に「盧、高氏邑」とあり、また後代の資料では、盧が高氏の采邑となったのは斉桓公時代の有力者であった高傒の代のこととされる(46)。それ以来、高氏は盧を世襲してきたらしい。これらの事件において、「盧人」の動向は明確ではないが、高氏は代々采邑として密接な関係を築いてきた盧の「邑人」の支持を期待して盧に拠ったものと考えられる。すなわち、ここでも氏に与する「盧人」勢力が存在し、「國」との抗争に協力したものと考えてよいだろう。

以上のように、曲沃以外においても叛乱者が拠る邑には、叛乱者を支持する「邑人」ら現地の勢力が存在したことが確認できる。一方で、采邑・統治経験といった関係は無くとも、叛乱者と「邑人」との一時的な利害一致によって「邑人」の協力が期待できたと考えられる事例がある。哀十四年（前四八一）、向魋は宋景公との対立から、曹に入って「叛」した。[47] この曹はもと独立した諸侯国であったが、この事件以前、景公によって滅ぼされている。[48] この事情から、景公への反抗の機運が「曹人」間にあり、向魋の入曹はそれを期待したものと推察される。

さらにこの事件において注目されるのは、叛乱側の向巣が曹から人質を取ろうとしたところ、民の支持を失ってしまったため、向魋は曹からの出奔を余儀なくされたことである。[49] 向魋は、宋景公への反抗の機運を期待して曹に入り、「曹人」の側もそれに応えたと思われるのだが、一旦彼らが向魋側の政策に失望するや、直ちに反旗を翻し、向魋を出奔させるに至っている。「邑人」の動向は叛乱の帰趨に大きく影響するものであった。従って、邑に拠って独立を維持するためには、その邑内で「邑人」の支持を得ることが必要であったと考えられるが、逆に考えれば、叛乱者と拠点邑との間の関係が明らかでない場合でも、少なくとも叛乱拠点が維持されている期間、叛乱者は「邑人」と協力関係を築けていたと考えられる。

先述した高弱の叛乱（前掲成十七の記事参照）では、高氏とともに譏言された國佐（國武子）もまた、穀に拠って「叛」していた。國佐は晋率いる伐鄭の連合軍に参加していたが、退陣を願い出、そのまま高弱の拠る盧に行く。そこで盧征討に派遣されていた慶克を殺害し、自身は穀に拠った。國佐は斉侯の登場で直ちに帰順するものの、わずかな期間ながら穀を拠点となしえたようである。

同じく斉において、襄公十九年（前五五四）に夙沙衛が叛乱を起こしている。斉霊公は太子の光を廃嫡して公子牙を立て、霊公の近臣夙沙衛がその少傅となっていた。しかし、崔杼が霊公の病状悪化に乗じて光を擁立し、霊公死去ののち光（荘公）が即位する。夙沙衛の叛乱はこの世代交代に伴う。

衛　高唐に奔りて以て叛す。……齊慶封　高唐を圍むも克たず。冬十一月、齊侯　之を圍む。……師の將に傅せ

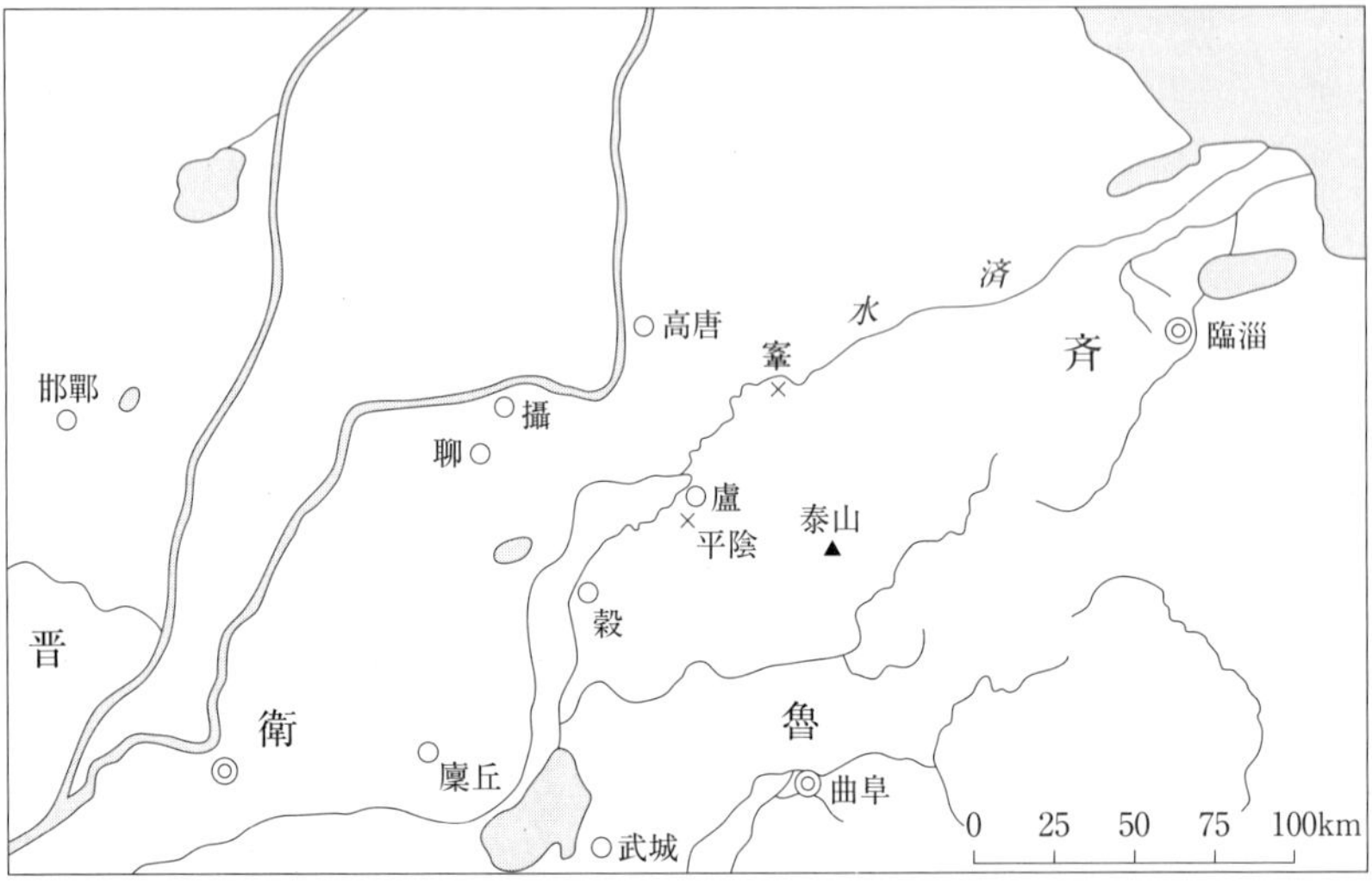

地図１　斉周辺（小倉芳彦一九八九、譚其驤一九八二を基に作成）

んとするを聞き、高唐人に食せしむ。殖綽・工僂會夜に縋して師を納れ、衛を軍に醢す。（襄十九）

五月の荘公即位直後に夙沙衛が高唐に入ったとすれば、十一月までの六か月前後、高唐に拠っていたことになる。

國氏と穀、また夙沙衛と高唐との間に、事前に特段の関係があったかどうか明らかではない。采邑関係を示す資料等が逸した可能性も含め、叛乱拠点選択の理由は様々に想定できるが、いずれにせよそれぞれの邑は叛乱拠点となることを許してしまっている。また、夙沙衛が「高唐人」に食を与えているのは、軍事力として動員するためであったとも考えられ、叛乱者は「邑人」を自己の勢力として従わせることができていたようである。ここでも「邑人」は叛乱者に支持を与えていたとみてよいだろう。[50]

以上のように、「以邑叛」事件から「邑人」の動向を窺うことができるが、事後の失策により「邑人」の支持を失ってしまった向雝の例を除き、叛乱者は概ね

「邑人」の協力を取り付けていたとみられる。そして叛乱者にとって「邑人」の支持を得ることは叛乱拠点の維持に不可欠だったことのみにとどまらない。すなわち、欒盈が「曲沃之甲」を率いて絳に侵攻したことに示されているように、(51)「邑人」は「國」との抗争のための軍事力をも提供したのである。采邑関係や統治経験があるなど、叛乱者が事前に直接の関係を培っていた邑では、そうした「邑人」のより積極的な支持が叛乱者側に与えられたと考えられる。「邑人」は、「以邑叛」が一旦勃発すれば叛乱側へと容易に転化しうる流動的な存在であったことを看取しうるだろう。

二 「竟」の邑

「以邑叛」事件に注目したとき、邑支配における今一つの問題が浮かび上がってくる。それは、領域の辺縁部、すなわち「竟」における邑支配の問題である。先に挙げた「以邑叛」事件のうち、斉におけるそれが全て西方の「竟」に位置する邑で勃発していることに注目したい。斉の領域が「西至於濟」(『国語』斉語)、「聊・攝以東」(『左伝』昭二十)などと表現されるように、斉の西「竟」すなわち領域西限は、現在の山東省済南市から東平湖にかけての済水流域をそう大きく離れないが、実のところ、『左伝』に見える斉西方の邑はこの一帯に集中している。それは、この地域が中原に通じる前線であり、(52)他国との会盟・抗争の舞台となることが多いという事情による。特に鞌の戦(成二)・平陰の役(襄十八)といった斉晋間の大規模な戦役は、同地域で勃発している。そして、前節の事例で叛乱者の拠点となった穀・盧・高唐といった邑はまさにこの「竟」に位置している。

なかでも穀はこの地域において一際存在感を放つ。先述した國佐の叛乱以外に穀が登場する資料を列挙すれば、

①冬、夫人姜氏 齊侯に穀に會す。（荘七経）
②公 齊侯と穀に遇う。（荘二十三経）
③春、小穀[53]に城くは、管仲の爲なり（荘三十二）
④冬、楚令尹子玉・司馬子西 師を帥いて宋を伐ち、緡を圍む。公 楚師を以て齊を伐ち、穀を取る。
……桓公の子雍を穀に寘く。易牙之を奉じ、以て魯援と爲す。楚申公叔侯之を戍る。（僖二十六）
⑤楚子 入りて申に居り、申叔をして穀を去らしむ。（僖二十八）
⑥齊侯 我が北鄙を伐ち、襄仲 盟を請う。六月、穀に盟す。（文十七）
⑦冬、公孫歸父 齊侯に穀に會す。（宣十四）
⑧夏、晉荀首 齊に如きて女を逆う。故に宣伯 諸を穀に餫す。（成五）
⑨（斉）乃ち鄭を救い、留舒に及ぶ。穀に違うこと七里、穀人知らず。（哀二十七）

以上の九例である。穀は魯との会盟地となることが多く（①②⑥⑦）、さらに晋に通じる途上の邑でもあった（⑧）。⑨は、晋の攻撃を受けた鄭の救援要請を受け、斉が進軍する途上で穀の付近を通過したという記事だが、ここからも穀が中原との交通の要所であったことが知られる。④⑤は一連の事件だが、魯に擁立された斉公子雍は楚の軍事援助を受けつつ穀を占領し、ここに拠って「國」側の孝公と対立することになった。[54]この「國」を離れた者が邑に入って「國」と抗争している点、前節の「以邑叛」に似た状況を呈している。この公子雍のいわば「以穀叛」において、穀は「楚申公叔侯戍之」とあるように、楚の軍事制圧下にあった。[55]当然ながら「竟」は他国の侵略を被る最前線でもある。

穀は以上のように地理的に極めて重要であったが、高氏が二度の「叛」で拠った盧も、穀と同じく済水沿岸に位置する「竟」の邑であり、その重要性は穀と同様と思われる。また、夙沙衛が叛乱拠点とした高唐は、現在の済南市西北方にあり、済水からやや離れるものの、やはり西「竟」の要地である。ここには斉の別廟があったとされるが[56]、のち陳氏に与えられ、これをきっかけに「陳氏始大」（昭十）となったとされるように、陳氏の勢力拡大に寄与することになる有力な邑であった。哀公十年（前四八五）には趙鞅率いる晋師の侵略を受け、城郭の破壊を被っている[57]。

これら穀・盧・高唐以外に注目されるのは廩丘である。廩丘はさらに西南に突き出した地点、「齊晉宋魯之間」（襄二十六会箋）に位置しており、特に魯との交通ないし軍事上の要所であったことが史料から窺われる[58]。そして襄公二十四年（前五四九）、斉の大夫烏餘がこの邑において[59]「叛」し、晋に帰順しつつ周辺の斉魯宋の邑を侵略している[60]。さらに時代は降るが、前四〇五年にも田会がここで「叛」し、趙に帰属している[61]。

このように、斉の西「竟」の邑は、領域最前線かつ中原への交通路という地理的重要性を持ちながらも、叛乱者の拠点となり度々の離反を許してしまっている。春秋斉における「以邑叛」拠点邑は、ここに掲げた盧・穀・高唐・廩丘に限られるが、それらがみな「竟」に位置することは、遠隔地への支配権浸透、特に「邑人」に対するそれが未熟なものであったことを示唆する[62]。

ただし、「竟」への「以邑叛」集中傾向の背景には、「邑人」への支配浸透の不備といった邑の内的問題だけではなく、他国との直接の接触が可能であるという「竟」ゆえの外的条件が一方で作用していたとも推察される。「竟」の邑がその地理的条件から他国との直接の接触に曝されていたことは既に見てきた通りだが、叛乱側からすれば、これらの邑は周辺国の支援を期待しうる点で戦略的に好都合でもあった。それが叛乱者をして「竟」の邑に入らしめる一因となったと思われる。

ともあれ、ここで見た「竟」における「以邑叛」の多発という状況は、「國」の支配層に相応の影響を与えたと思われる。前項で確認した如く、「以邑叛」に特徴的なのは、叛乱者が「邑人」を吸収しつつ叛乱を起こすことである。従って「竟」において繰り返された「以邑叛」の勃発は、遠隔地の「邑人」を流動的なまま放置しておくことの危険性を「國」の支配層に知らしめたに違いない。

さらに、「竟」の「邑人」は、叛乱者への合流によって「國」の支配を離脱していくだけでなく、自身の利害関係に基づいて「國」と対立する場合もあったことを付け加えておきたい。范・中行氏の乱の契機となった定公十三年（前四九七）の事件について一考しておこう。

> 晉趙鞅 邯鄲午に謂いて曰く、我に衞の貢せる五百家を歸《おく》れ。吾れ諸を晉陽に舍かんと。午 許諾す。歸りて其の父兄に告ぐるに、父兄皆曰く、不可なり。衞 是を以て邯鄲の爲にす。而るに諸を晉陽に寘くは、衞を絶つの道なり。齊を侵して之を謀るに如かずと。乃ち之の如くし、而して之を晉陽に歸る。趙孟怒り、午を召して諸を晉陽に囚う（定十三）

趙鞅は衛から貢された五百家を、邯鄲から晋陽（趙鞅の采邑）に移すよう命じた。邯鄲午は一旦これを了承するが、邯鄲の父兄は、晋陽へ五百家を移すと、それを介した邯鄲と衛との通交が絶たれてしまうことを危惧した。そこで、まず斉を攻撃し、その報復を被る危険性を口実として移動させることにすれば衛にも顔が立つであろうと謀り、邯鄲午はその通りにしたのち晋陽に移送した。しかし趙鞅はこの処置に怒り、邯鄲午を晋陽にて捕縛してしまう。なおこの後邯鄲午は趙鞅により殺害されたため、午の係累が邯鄲に拠って「叛」することになる。

最初に趙鞅がなぜ五百家を晋陽に移動するよう命じたのか、その理由は『左伝』にも諸注釈にも説明されていない。宇都木章一九九二（二〇三頁）は、趙鞅は「どうしたわけか」移動を命じたと言い、疑問を残す。

吉本道雅氏は、この時期晋陽は新規開拓地であったとして、この移動命令から晋陽の人口不足を読み取っている。[63] 確かに五百家の移動は結果的に晋陽の人口不足を補うことになったであろうが、この移動の本来の目的が人口充実にあったとするのはためらわれる。趙鞅はそもそも邯鄲の「邑人」と衛との通交を把握しており、衛の侵攻を受けたこのとき、それを絶とうとしたというのが本来の目的であったのだろう。[64] 趙鞅はこの時期一貫して対斉衛戦の推進者の立場にあり、邯鄲が衛と「衞貢五百家」を介して交流を続けることを嫌ったものと思われる。ところが「邯鄲人」にとっては、衛との通交維持こそが現実的に重視すべきものであった。

このように、「竟」の「邑人」は中央の政策に関わらない独立した交流を持つことがあり、そこには「邑人」独自の志向でいわば自律的に「國」と対立する可能性が潜在していたのである。

第四節　邑の軍事的役割

一　邑の軍事化

「邑人」の流動性、「竟」の不安定は前節で確認した如くであるが、それへの対応は、諸国が直面した極めて現実的な課題であった。遠隔統治手段の制度的整備は各国で進んでいたと考えられ、その解明が要請される。しかし既に述べた如く、従来のように春秋県を採り上げ、それを固定的、画一的な地方支配「制度」と見なして検討することはできない。そこで本節では、やや迂遠ながら、邑支配強化の契機に着目することでその進展を探ることとしたい。

検討すべきは、邑の軍事化の問題である。邑の軍事化が邑支配強化に寄与するものであったことは、夙に増淵氏が指摘したところである。氏は、春秋県に関する一連の議論の中で、軍事的要請による県支配の強化という視点を提示していた。春秋県は軍事拠点としての意義、ないし軍賦（人的・物質的）の提供源としての意義から「厳重に支配されなければならなかった」[65]として、軍事的要請による支配強化が進められたことを指摘した。氏の春秋県に対する見解がそのまま支持できないことは前述したが、軍事的要請による支配強化という観点は、他の邑にも敷衍可能な点、傾聴すべきである。

増淵氏以後、楊寛一九八一は楚県の主要な特徴として、それが前線の交戦地帯に置かれたことから、「辺防重鎮的作用」を有したことを指摘し、さらに齋藤（安部）道子一九八四は、楚県は「軍事基地」「軍事都市」であって、軍隊の供出が県の重要な役割であったとみなした。こうして楚県の軍事性がより強調されると、増淵氏が指摘した軍事的要請による支配強化という視点が一層の重要性を帯びてくるように思われる。しかし、従来の研究が専ら県のみに注目してその軍事的役割を強調していることは問題である。それについては同時代的な邑の状況を踏まえたうえで評価すべきことを第一節で指摘した[66]。

邑に軍事的役割が課されることは当時ごく一般的であり、例えば春秋経伝に「城某邑」という築城・修築記事が頻見することは、軍事拠点の創設や邑の防備充実が普遍的に行われ、諸国が邑をとりまく軍事情勢に対応していたことを窺わせる。『春秋』『左伝』の体裁上、魯の築城記事が特に目立つものの、築城による邑の軍事機能強化は諸国に共通した傾向である[67]。

二　「邑人」の軍事動員

そうした「城」等による物質的な軍事化についてはこれまでも注意されてきた[68]。対して本章で注目したいのは、「邑人」の軍事動員である。第二節で触れたように、春秋時代の軍編成では、「國」に集住する戦士身分たる「國人」がその主要部分を構成していた。従って邑からの動員は当初補助的であったが、前六世紀半ば以降、特に晋・楚において邑からの動員が比較的顕著になり始め、[69]検討に耐えうる事例を提供する。

因みに、前節で言及した「以邑叛」の事例は前六世紀以降に集中している。[70]「邑人」が叛乱者に兵員として協力し、軍事力を提供する存在であったことを想起すれば、この時期に「邑人」の提供しうる軍事力が広く向上していたことを反映するとみてよいだろう。[71]そうした時期的傾向を踏まえたうえ、「某邑之師」などとして現れる邑からの軍事動員について検討していきたい。

まずは最も顕著な活動を見せる楚の申・息から考察していこう。申・息は楚文王年間（前六八九～前六七五）に県とされたと『左伝』では認識されている。[72]そして「申息之師」の初出は僖公二十五年（前六三五）であり、先の時期的傾向に照らしても、邑からの動員事例としては顕著に早い。そもそも申・息ともに春秋初期までは独立した諸侯国であり、それまでに旧「國」（申・息）への兵員層の集住がある程度進行していたと考えられる。楚は既存の「國人」層を流用することで、「申息之師」と邑名を冠せられるような集団性を持つ部隊を組織することができたのである。[73]兵員たりうる身分層の人口密度という点で、楚の邑としての申・息は諸他の邑と規模を異にしていることに留意しておく必要がある。[74]

「申息之師」の動員事例を以下に列挙する。楚の対中原戦において「申息之師」が活躍したことは有名であり、その動員事例は楊寛一九八一が既にまとめているが、ここではそれが動員された際の戦地に注目して見ていきたい。

①商密（鄀）

秋、秦・晉 鄀を伐つ。楚鬪克・屈禦寇 申息之師を以て商密を戍る。秦人 析を過ぎ、隈入して輿人を

係す。以て商密を圍み、昏にして傅す。（僖二十五）

②桑隧

晉欒書 鄭を救い、楚師と繞角に遇う。楚師還る。晉師遂に蔡を侵す。楚公子申・公子成 申息之師を以て蔡を救い、諸を桑隧に禦ぐ。（成六）

①は「申息之師」の初出記事である。鄀はこのとき商密に都しており、[75]ここを秦晋が侵略したため、楚から「申息之師」が救援に向かった。②では蔡の救援に動員され、上蔡南方にあたる桑隧で晋師を防いでいる。

③城濮

既に敗る。王 之に謂わしめて曰く、大夫若し入らば、其れ申息之老を若何せんと。（僖二十八）

楚成王は城濮での敗戦後、令尹子玉に、そのまま帰還したならば「申息之老」にどう面目を立てるのか、と詰問したという。申息の子弟が城濮の戦役に従軍したことを示す。[76]

この他にも、「申息之師」を統率する立場にあった申公や息公の参戦によって、申・息からの動員を推測できる場合もある。

④穀

公 楚師を以て齊を伐ち、穀を取る。……桓公の子雍を穀に寘く。易牙 之を奉じ、以て魯援と爲す。楚申公叔侯 之を戍る。（僖二十六）

⑤江

冬、晉 江を以ての故に周に告ぐ。王叔桓公・晉陽處父 楚を伐ちて以て江を救い、方城に門す。息公子朱に遇いて還る。（文三）

⑥陳

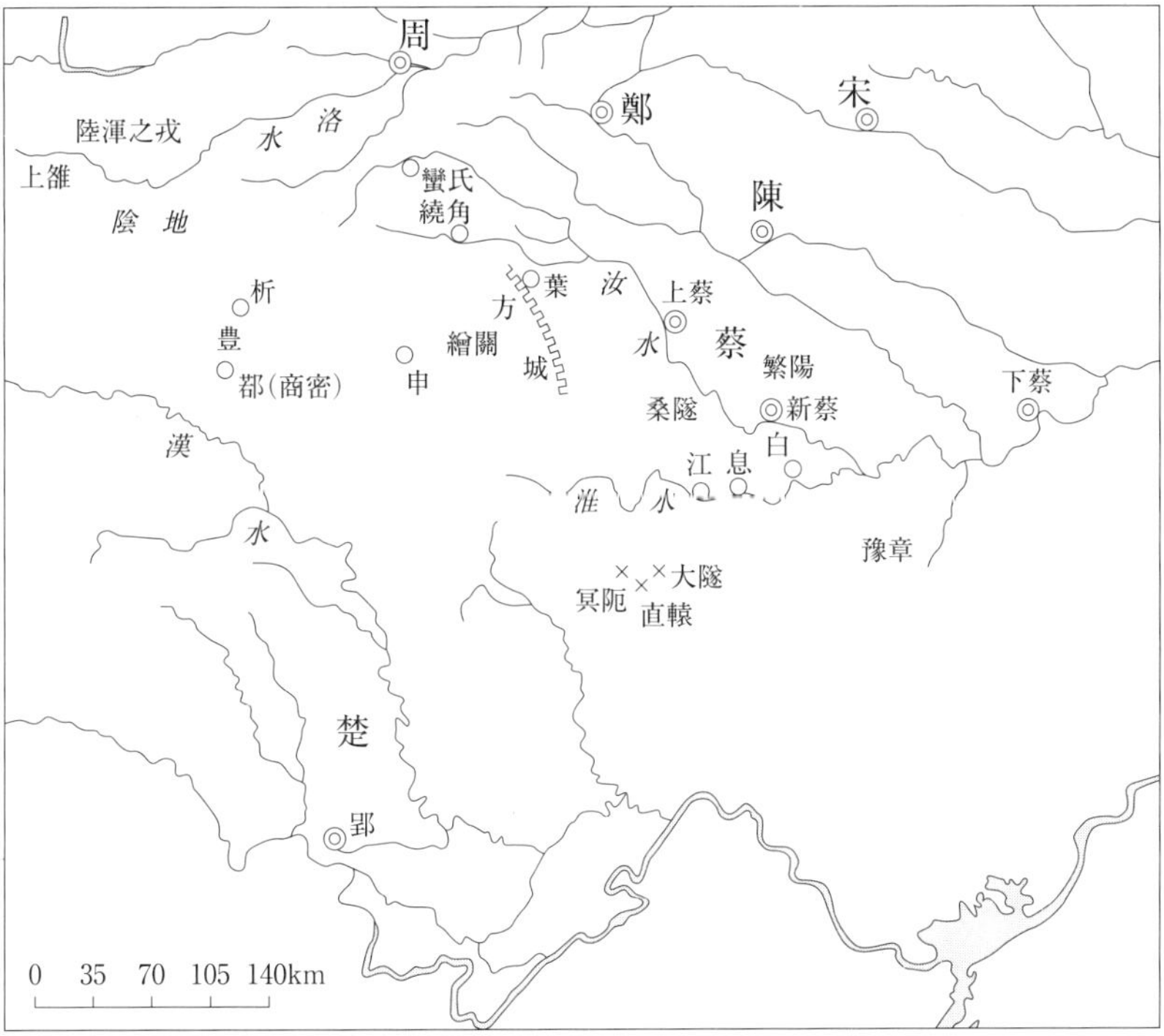

地図2　楚周辺（小倉芳彦一九八九、譚其驤一九八二を基に作成）

　　秋、楚公子朱 東夷より陳を伐つ。（文九）

④では穀に申公が駐屯している（第三節既出）。⑤は楚が淮水流域の小国江に出兵した際に息公子朱が参戦したことを伝える。[77] ⑥も同じく息公子朱が陳を攻撃したという。

③④のように中原に深く侵攻した事例もあるが、その他は商密・桑隧・江・陳と、いずれも現在の河南・湖北省境付近が戦場となっている。「申息之師」は、確かに中原諸国との戦争に動員されているのだが、ほとんどの事例において申・息の比較的近辺で交戦していることに注目すべきであろう。つまり、申息が即応可能な地が戦場となっているのである。特に申（河南省南陽市）の交

通拠点としての意義は重要であり、東西北方の戦地にいち早く到達できる位置にあった。そうした交通拠点上に位置していたことが「申息之師」動員の背景にある。中原に進出する際には「國」の師に途上で合流して軍の一翼を担い、逆に中原諸国の侵略を被る際には戦地へ即応できた。そのことが、「申息之師」の活動をより顕著にさせていると言える。

「申息之師」の活動は前六世紀前半までに集中しているが、「某邑之師」については、のち盛んな領域拡大を行った霊王期（前五四〇〜前五二九年）において、呉への侵略の際、「繁揚（陽）之師」が楚王の軍に合流したという事例がある。(78) 繁陽は河南省新蔡県北方に位置し、楚の東方戦線における軍事的拠点であった。(79) これも進軍途上にある邑から動員し、軍を増強したものである。

春秋末期にはより広域から動員されるようになり、方城外の兵員を総動員することも可能であったらしい。(80) ただし、そうした場合もやはり攻撃対象の土地に近いことが考慮されている。また方城外からの動員は哀公四年（前四九一）にも行われているが、その記事は邑からの動員のあり方を考えるうえで注目に値する。

夏、楚人既に夷虎に克ち、乃ち北方を謀る。左司馬……申公壽餘・葉公諸梁 蔡を負函に致し、方城之外を繒關に致して曰く、呉 將に江を泝り郢に入らんとす。將に命に奔らんとすと。一昔の期を爲し、梁と霍とを襲う。單浮餘 蠻氏を圍み、蠻氏潰ゆ。蠻子赤 晉の陰地に奔る。司馬 豐・析と狄戎とを起こし、以て上雒に臨む。（哀四）

攻撃対象となった蠻氏は、河南省臨汝県付近に比定される。左司馬眅・申公壽餘・葉公諸梁という将帥の構成より、左司馬の率いる「國」の師に、申公・葉公がそれぞれ申・葉の師を率いて合流したという編成がまず推定できる。さらに蔡（新蔡）や方城外からも徴発してこれに増員している。蠻氏が潰走して晉の「陰地」に逃げ込んだのに対し、左司馬眅は豊・析・狄戎から徴発し、上雒に臨んだ。豊・析（いずれも河南省淅川県付近）は晋秦と楚を結ぶ交通路上の邑であり、(81)このとき楚はここを通過して関中に向かった。蠻氏侵略におけるこの一連の徴発事例からは、「國」の師に加えて、戦地に至るまでの途上の邑で随時徴発を行い、軍隊が増員されていく様を見て取ることができる。このように、邑から動員する場合、基本的には戦地までの途上もしくは戦地付近の邑から徴発して補強するという方法が採られていた。

楚はその領域の広大さを反映して邑からの動員が比較的顕著だったが、晋においても「某邑之師」がしばしば活動をみせる。

齊侯　遂に晉を伐ち、朝歌を取る。……乃ち還る。趙勝　東陽之師を帥いて以て之を追い、晏氂を獲。（襄二十三）

対斉戦に「東陽之師」が用いられている。「東陽」は太行山脈東方を指し、趙勝の釆邑である邯鄲等が含まれる。(82)これらの邑から動員された「東陽之師」が斉師の帰還を追撃している。斉師は帰路も東陽を通過したと考えられ、その追撃のためには「東陽之師」が対応に適していたのである。

また晋の「某邑之師」は以下にも見える。

冬十月丁巳、晉籍談・荀躒　九州之戎と焦瑕溫原之師を帥いて以て王を王城に納る。（昭二十二）

王子朝の乱に晋が王側として介入したときのことだが、九州（陸渾）之戎および焦瑕溫原の四邑から構成される鎮圧部隊を送ったという。また昭二十四にも晋は「溫人」を王側に援軍として提供したことがみえる。(83)いずれもやはり王城付近の大邑からの動員である。

さらに魯では「邑人」が動員された事例を確認できる。「某邑之師」という表現と比べてより小規模な部隊であるかと推測されるが、同じく邑からの動員である。すなわち、哀公十一年（前四八四）、斉との交戦にあたり、冉有が「武城人」三百人の部隊を組織したという。[84] 武城（山東省嘉祥県）は、襄公十九年（前五五四）に斉に備えて「城」されており、[85] 国防・軍隊供出といった役割を担う西「竟」の軍事拠点であったことがわかる。

邑からの動員のあり方を総括しておこう。他国への侵略時には「國」の師を補強するかたちで戦地近辺あるいは途上の邑から動員し、また侵略を受けて即刻対応が必要な場合は被侵略地付近の邑から動員している。春秋時代における邑からの動員は、こうした地理的限定性を有していた。このことは、兵員供出の可能な邑が当時なお限られた存在だったことを示すと同時に、徴発手段の未成熟をも示唆する。当時においては領域内といえども邑から自在に動員を行うことは困難であったかと考えられる。

しかし、こうした動員が領域支配の進展において持ちえた機能は無視しがたい。戦時における邑からの動員は、軍事に関わる問題だけに強力に実行される必要がある。そして、それが「國」の師の移動をもって、その軍事力を背景に行われる場合、邑からの動員は一面で「邑人」を統制するための有効な手段として機能しえたであろう。「竟」の邑支配がとりわけ不安定であったことは前節で見た通りだが、そうした邑が進軍途上となった場合、「國」の師が直接到来してようやく、より強制力ある動員が可能となったと考えられる。戦時という偶発的な機会に限るが、「國」の軍事力そのものが移動することによって、領域内の邑そして「邑人」をいわば「制圧」し、より強力な規制、支配を及ぼすことが可能となったのである。

こうして邑からの軍事動員は邑支配の不安定を修正する契機となった。邑からの動員は、前節までに見た「國」と邑との物理的距離、「邑人」の支配不安定といった課題を克服するための当時おそらく最も有効な機会となった。ここに、当時の領域支配の展開において邑からの動員が有した意義を見出すことができるだろう。

小結

最後に、軍事的役割の検討が課題として残されていた県の問題に再び立ち返って論じておきたい。「楚県」の代表格のようにも見なされてきた申・息からの「申息之師」の動員は、当時の一般的な軍編成のあり方を逸脱したものではなかった。ただ、邑からの動員としては他に比して早期から見えることから、その先駆と評価することはできる。「楚県」について追求する立場であれば、そうした軍事性は当然重視されてしかるべきであろう。

しかし、軍事拠点ないし軍隊供出地といった、これまで県の特権であるかのように強調されてきた性質を相対化して見なければならないことは、ここまでの検討から明らかであろう。同様の役割を担う邑は県以外にも存在していた。例えば、魯の武城は魯にとって西「竟」防衛の拠点であり、「城」によって防衛力の強化が図られ、かつ一部隊を構成する軍隊を供出することもある邑であった。これらは従来専ら楚県の軍事的側面として強調されてきた要素と変わりない。もちろん規模の差はあるに違いないが、同様の軍事的役割を課せられた邑が他の地でも出現していたことに注意しておかねばならない。

そうした邑においても、軍事的要請に基づく支配強化の契機は存在していたのであり、それは県であるか否かとは本質的に無関係なのである。春秋時代、県において優先的に支配強化がなされたなどと捉えるべきではなく、見るべきはむしろ県と邑の推移上の同質性であろう。春秋時代においてやはり県・邑の区別は見出しがたいのである。

しかし、「県」と表記される単位は資料上確かに存在する。それならば、「県」をいかに理解すべきか、問題はここに回帰せざるをえない。本来であれば、春秋県を他の邑と区別されるものとして性格付けるためには、ある邑が県とされた時点での変化を検討する必要がある。しかし、『左伝』において県とされた時点が確認できる記事は実のところ極めて少ない。

冬、楚子……遂入陳、殺夏徵舒、轘諸栗門、因縣陳。（宣十一）
楚王奉孫呉以討於陳曰、將定而國。陳人聽命、而遂縣之。（昭十一）
秋、晉韓宣子卒、魏獻子爲政。分祁氏之田以爲七縣、分羊舌氏之田以爲三縣。（昭二十八）
彭仲爽、申俘也。文王以爲令尹、實縣申息。（哀十七追述）

以上、楚晋あわせて四例に過ぎない。晋では「爲縣」とあるものの、その対象が以前から県だったのか、そこで初めて県とされたのか明らかでなく、その変化は知りがたい。一方の楚では、他国を滅ぼして自国の所属とすることに対して「県某」という動詞が用いられている。

興味深いことに、『左伝』において、晋では原県・州県など行政単位を表すであろう「地名＋県」の用例が存在する一方、楚では「県某」の対象となったことが明確な陳・申・息でさえ、陳県・申県・息県といった表現は存在しない。すると、楚における動詞での用例「県某」は、その対象邑をそのまま「某県」なる行政単位へと編成することを意味したかどうか、疑わしく思われる(86)。

ともあれ、春秋楚の「県某」は、他「國」を新たに領域内に編入することを意味した。本章の考察を踏まえれば、楚において「県某」それ自体は領域拡大以上の意味を持たない。ただ、その対象は必然的に楚の新たな最前線となり、それゆえ、軍事性やそれに伴う支配強化が課せられ、軍事的要素が資料上顕著になるのである。これまで指摘されてきた「楚県」の軍事性は、斉一な制度的規制ではなく、その地理的条件から必然的に要請されたものであった。

ここで思い返したいのは、「県」がもともと「鄙」と同様の意味を持っていたことである。(87)『左伝』においては「県鄙」の用例が散見するが、それは国都から離れた「辺鄙」の地に位置する当国の属邑を指す。領域の境界あるいは辺境を示す「竟」に対して、「県鄙」は人々の居住地域をより意識した表現と思われるが、国都外の遠隔地という意味では共通している。そして言うまでもなく、「竟」が全ての国に存在していたのと同様、「県鄙」も各国の領域において共通した要素である。斉では、昭二十「縣鄙之人、入從其政」とあり、県鄙の地の人々を労役に服させることが苛政の一例として言及されている。また、魯では「縣人」が「深山窮谷」から切り出した氷の搬送にあたるとあり、(88)これは「県鄙」のことに関わる地方官の類であろう。このように、「県鄙」としての「県」は諸国に共通して存在する。それらは何ら特殊な行政単位を示すわけではなく、そもそもはどの国においても普通に存在する「県鄙の邑」を指して「県」と呼んでいるに過ぎない。

とすれば楚の「県某」もこれと同様であり、従ってそれを「(特殊な)県を設置した」とまで評価する必要はなく、「楚の県鄙(＝属邑)とした」という意味にとどまるものと捉えるべきだろう。さらに、包山楚簡に「県」が登場しないことや、「地名＋県」が春秋楚に見られないことを考え合わせると、楚では領域支配の単位として「県」を用いることはなかったのではないか。ここに至って、「県」制の語でもって春秋楚の領域支配を論じることに筆者は強く違和感を覚えるのである。楚における「県」なる単位の不存在については、本書第二章・第三章においても論じる。(89)

さて一方の晋では、絳県(襄三十)・州県(昭三)・原県(昭七)など、一定の範囲を県と称していたことが明らかである。ただし繰り返し述べてきたように、春秋期においては、これらを一律に邑から制度的に区別された性格を持っていたとみなすことは困難である。これらの県は邑に比して有意な差があったわけではなく、単に邑の呼称のヴァリエイションの一つに過ぎなかったのであろう。「州縣、欒豹之邑也」(昭三)のように、県と邑は言い換え可能であった。

しかし、単なる邑ではなくより制度化された「県」が出現し、それが後代の郡県制下の県なる行政単位へと変遷していくこともまた事実である。その変化が生じたのは、「県」や「令」などが広く確認しうるようになる戦国期以降のことであろうと考えられるが、なお春秋期に関して先駆的に注目されるのは、昭五「因其十家九縣、長轂九百、其餘四十縣、遺守四千」なる記事である。「長轂九百」「遺守四千」はともに兵車の乗数であり、九県・四十県から一県ごとに百乗の兵車が供出されるという。この晋「県」は、軍事化の著しく進んだものであったとみなすべきであろう。一県百乗という一律の動員数からは、制度的に均質化された軍事編成が示唆される。さらに、四十九県という数からいって、これらの県全てが「竟」に位置するようなものとは考えがたく、領域内のかなり広範な地域に及ぶ制度であったと推察される。すなわち、晋(厳密には韓・羊舌氏)はこの時期、直接外圧に曝される地ではない内地の邑にまで軍事的役割をいわば自覚的に付与しており、そしてそうした邑が「県」と称されていた。ここに、邑一般からは特殊化された「県」制の一端を窺うことができるだろう。軍事性において邑一般とは規模を異にする「県」の存在、そしてその均質的な性格がこの春秋後期の晋において窺われ、そこに「県」の制度化への萌芽が見出されると言ってよい。

「軍事行政的見地から新たに組織化され」た春秋県は、「戦国以降の郡県制の先駆を思わしめるものがある」といわれる。(90) 上に挙げたような、明確に「県」とその制度化を直結させて考察しうる材料はわずかではあるが、いかなる意味で「県」は制度化されていったと言えるのか、なお追究すべき課題は残る。しかしながら春秋戦国を通じた「県」制の展開について、連続性をもって論じる試みはなお不十分である。章をあらためてこの課題について論じよう。

注

（1）以下、諸侯の居住する邑は「國」と記し、また「國」以外の邑は単に邑と記す。松本光雄一九五二参照。
（2）『左伝』が出典の場合、「隠五」「襄元」などと示し、『春秋』経文の場合「僖二十八経」のように記す。必要な場合は西暦を付す。「杜注」・「疏」はそれぞれ『左伝』該当部分の杜預注・孔穎達正義を指し、「楊注」は楊伯峻一九八一の該当部分を、『会箋』は竹添進一郎『左氏会箋』の該当部分をそれぞれ指すものとする。
（3）籾山明一九九四にも明快な整理がある。
（4）研究史部分で参照する論考については初出年を掲げたが、引用等の場合は最新のものに拠った。
（5）吉本道雅二〇〇五第二部下篇第二章注（53）「県の世襲支配の否定とは、若敖氏の乱以降の世族不在なる一般的状況の結果」だという。
（6）平勢隆郎一九九八（二六六頁）に「以下の検討では、「邑管領者」として論をすすめる」とあるように、氏は県と確認できないものも検討対象に含み、県・邑を厳密には区別しない。
（7）平勢氏は世襲否定の原因については考察していないものの、それを県・邑に内在する性質とみなすことは避けているようである。また平勢隆郎一九九八第二章第一節注（36）では「県とされることが必ずしも邑の性格変化を意味するものではない」とし、「厳密な意味で県であるかどうかは詮索しない」として、「県」の性格追求は避けている。
（8）平勢氏の表では、「」記号を付されたものが「世襲否定が確認される」事例とされるが、実情はそれより多いと思われる。ここではひとまず「」記号のあるもののみ検証したが、それ以外の事例においても、県の設置と世襲否定が因果関係を持つであろう事例は確認できない。
（9）僖三十三「（晋襄公）以再命命先茅之縣賞胥臣」、杜注「先茅絶後、故取其縣以賞胥臣。」

（10）增淵龍夫一九九六（四六九頁）。
（11）籾山明一九九四は、楚県の軍事性は他国の県にも敷衍可能であろうと述べている。
（12）陳偉一九九二（一八二頁）はそれまで採用されてきた春秋「楚県」の判断基準を以下の四点に整理している。すなわち、（一）県の呼称、県の設置、あるいはそれに類した記事、（二）「県公」「地名＋公」、（三）「地名＋尹」、（四）楚が滅ぼした国、である。呉良宝二〇一〇（二八九～二九一頁）もこれに基づきつつ、（三）・（四）の基準には問題が多いと指摘する。
（13）平勢隆郎一九九八は「公」「尹」「君」を冠する者を県管領者とするのに対し、楊寛一九八一は「君」は封君であるとして県管領者と認めない。
（14）齋藤（安倍）道子一九八六は、「某公」をおしなべて県の「管領者」として扱うことに疑問を呈した。氏は「公」をすべて「県公」として扱うのは適当ではなく、直轄的な「官邑公」と私領的な「封邑公」とに区別できるという。松井嘉徳二〇〇二（二六五頁）はこれについて「增淵氏が斥けた顧頡剛一九三七の二元論が春秋楚県研究の場において再び主張されたことを意味している」と位置づける。確かに齋藤氏は、楚県と明白なものであれば公（王）邑であり直轄支配を被ったと認識している（この点はなお検討の余地がある）。しかし厳密に言えば、齋藤氏は顧頡剛の如く県を公邑・采邑に二分したのではなく、あくまで「公を冠する邑」を二分したのであり、一律に「公の存在＝県」とするそれまでの見方に疑義を提示することが本旨であった。「某公」即「県公」とは限らないという指摘自体は重要である。
（15）楊寛一九八一、徐少華一九九〇、徐少華一九九四。
（16）吉本道雅二〇〇五第二部中篇第一章参照。
（17）「國人」の軍事的役割については、吉本道雅二〇〇五第二部中篇第二章参照。
（18）「疆場」と熟すことが多く、同例として襄十一「使疆場之司悪於宋」、昭二十四「呉踵楚而疆場無備、邑能無亡乎」などがある。
（19）文元「五月辛酉朔、晉師圍戚。六月戊戌、取之、獲孫昭子。……秋、晉侯疆戚田」など。また、国を滅した際に行われる「疆」（例えば宣八「楚爲衆舒叛故、伐舒蓼滅之、楚子疆之」）の場合、国同士の境界画定ではなく、斉が滅莱の後、高厚・崔杼に「其田を定め」（襄六）させたのと同様、滅ぼした旧国内の田土を区画整理するものと思われる。
（20）兪正燮『癸巳類稿』巻三「越国鄙遠義」。
（21）齋藤（安倍）道子二〇〇一は、「竟」は「國」の範囲であるとし、「國」の城壁外二〇～二五km未満に広がるものとして、領域内に「竟」の存在を想定している。確かに領域内部に「國」の範囲が存在することは認めてよいが、「竟」字がその範囲に対応するとは考えがたい。本文に述べた如く、「竟」は「國」の範囲ではなく領域の範囲もしくは「辺境」の意とすべきである。例えば、昭四「楚子欲遷許於頼、使鬭韋龜與公子棄疾城之而還。申無宇曰、楚禍之首將在此矣。召諸侯而來、伐國而克、城竟莫校……」とあるが、この「竟」が頼を指していることは明らかである。頼までが「國」と意識されたとは考えがたいし、「竟」とされる頼から楚都郢までの距離は齋藤氏の言う二〇～二五kmを遙かに越えている。また本文中に紹介したように、領域の境界や「辺境」を指す「竟」の用例がある一方、「竟」が「國」の範囲を表すと明言できる例は見当たらない。

(22) 文元杜注「（孫）昭子、衞大夫、食戚邑」、成七杜注「戚、林父邑」とある。後代の注釈に拠って「采邑」としてよいか注意を要するが、一般に注釈に「某の邑」などとあれば、采邑であると認識されている。本章も以下同じく判断する。

(23) 既に増淵龍夫一九九六（四七八頁）が「采邑とはいっても、最高の帰属権は公に帰する公の邑であっ」たとしている。

(24) ここでいう「私領化」は邑の現実の帰属を問題にしているのみで、「邑の帰属を決定する実権を持つようになる」といった程度の意味で用いている。法制的・経済的な内実はいま問わない。

(25) 邑現地で統治に当たる者について付言しておく。采邑主は通常、現地に赴任せず「國」で政権に参加するため、当の采邑には邑宰などが派遣されて統治にあたる。しかし、従来の研究で邑の「管領者」と称されるものは漠然と「邑の長」を意味し、しばしば現地に赴任しない采邑主まで含む場合がある。そのため、「國」対邑といった構図で地方支配を問題とする際には混乱を招く恐れがある。従って本章では邑現地において統治に当たる者を「管領者」等と一括せず、それぞれの資料に即した名称（邑大夫・宰・公　尹）と呼ぶことを原則とする。なお注疏での定義的説明では、「卿大夫采邑之長則謂之宰、公邑之長則曰大夫」（荘十二疏）とされる。これによると公邑で統治に当たる者は「某邑大夫」である。

(26) 『左伝』は邑現地に居住する人々を「邑人」と一括して呼ぶ。邑大夫や邑宰をはじめ、様々な階層が含まれていると考えられるが、本章で問題とするのは兵員となりうる身分以上の「邑人」である。

(27) 鄭厲公は公子時代に櫟の統治にあたっていたが、「櫟人」と結束して政権を奪取するに至った。本章第三節参照。

(28) 例えば楚の申公巫臣は晋に出奔したのち、「晉人使爲邢大夫」（成二）と、邢の「邑大夫」に任命されたが、その子がのちに「邢侯」（昭十四、杜注「邢侯、楚申公巫臣之子也」）と呼ばれ、「邢大夫」の地位が世襲されたと覚しい。

(29) 文十八「莒紀公生大子僕、又生季佗。愛季佗而黜僕、且多行禮於國。僕因國人以弑紀公、以其寶玉來奔、納諸宣公。公命與之邑曰、今日必授。季文子使司寇出諸竟曰、今日必達……。」

(30) 成七「楚圍宋之役、師還、子重請取於申呂以爲賞田、王許之。申公巫臣曰、不可。……王乃止。」

(31) 成二杜注「于奚、守新築大夫。」

(32) 『春秋釈例』(孫星衍輯本)巻五、土地名第四十四之一「新築、闕。」

(33) 『春秋稗疏』巻下「太康地記、樂陵國有新築縣。樂陵地在今山東武定州、齊衞交界之境。衞侵齊而齊迎之與戰也」、また江永『春秋地理考実』「史記、趙成侯及魏惠王遇于葛築。或云即新築也。今大名府魏縣南二十里有新築城」との説もある。両者の比定する位置に疑問がないではないが、衛の侵略を斉が迎撃したという状況から、王夫之の「齊衞交界之境」という意見には従ってよいだろう。

(34) 疏「言欲案行邊竟、是孫辭也。」

(35) 昭二十二「荀呉略東陽」のように、国君以外が「略地」を行うこともある。

(36) 西周時代における巡察については松井嘉徳二〇〇二第Ⅰ部第一章参照。また戦国時代には国君・相国らによる「行県」などの巡察事例が確認できる。楊寛一九八二参照。

(37) 同様の問答は『国語』楚語上にも掲載される。

(38) 『春秋』『左伝』に見える「叛」字は、ただちに軍事抗争を意味するわけではない。そのことは夙に貝塚茂樹一九三二の指摘がある。それによると、「叛」の原義は単に一国から分離することに過ぎなかったという。本章でも、『左伝』にそうした用例が残されていることに留意しつつ「以邑叛」を論じる。ただし、単なる分離であっても、邑が「國」の支配から脱する事件であることには変わりなく、そのため「叛」の事態が生じれば「國」から征討軍が派遣され、対して首謀者が抵抗して軍事抗争となることが多い。その場合、「叛」の字義自体はどうあれ、事件全体を「叛乱」と呼んで差し支えないだろう。

(39) 貝塚茂樹一九三二、増淵龍夫一九七〇など。

(40) 杜注「檀伯、鄭守櫟大夫。」

(41) 魯宋衛陳の伐鄭(桓十五)、宋衛陳蔡の伐鄭(桓十六)。また『史記』鄭世家「宋頗予厲公兵、自守於櫟。」

(42) 厲公の動向は、本節冒頭昭十一の申無宇の言(「鄭京・櫟實殺曼伯」)に対する杜注「厲公得櫟、又幷京」にも窺われる。

(43) 荘十四「鄭厲公自櫟侵鄭、及大陵、獲傅瑕。傅瑕曰、苟舍我、吾請納君。與之盟而赦之。六月甲子、傅瑕殺鄭子及其二子、而納厲公。」

(44) 昭十一「鄭莊公城櫟而寘子元（厲公）焉、使昭公不立。」

(45) 高渠彌の昭公弑殺（桓十七）、斉襄公による子亹・高渠彌殺害（桓十八）。

(46) 『新唐書』巻七十一下、宰相世系表「桓公命傒以王父字爲氏、食采於盧、謚曰敬仲。」

(47) 哀十四「向魋遂入于曹以叛。」

(48) 哀八「春、宋公伐曹、將還、褚師子肥殿。曹人詬之、不行、師待之、公聞之怒、命反之、遂滅曹。執曹伯及司城彊以歸、殺之。」

(49) 哀十四「六月、使左師巢伐之、欲質大夫以入焉。不能、亦入于曹取質。魋曰、不可。既不能事君、又得罪于民、將若之何。乃舍之。民遂叛之、向魋奔衛。」

(50) また荘十八「初、楚武王克權、使鬭緡尹之。以叛、圍而殺之、遷權於那處」とある鬭緡の「以邑叛」では、その鎮圧後に権が遷徙されている。権の「邑人」を遷徙したものと考えられ、「邑人」が叛乱者に協力した制裁であろう。

(51) 襄二十三「四月、欒盈帥曲沃之甲、因魏獻子以晝入絳。」

(52) 伊藤道治一九六八は済水流域を利用する交通路が早くから開発されていたことを指摘する。

(53) 楊注に従い、小穀は穀と同一と考える。なおこの部分はのち昭十一「齊桓公城穀而寘管仲焉」と追述される。

(54) 杜注「雍本與孝公爭立、故使居穀以偪齊。」

(55) 小林伸二二〇〇一は、穀が二度までも反「國」勢力の拠点となったことについて、穀の地理的環境・政治的環境の重要性からその軍事化が要請されたと推測したうえ、「そこに、穀邑の軍事力を背景とした自立化が達成され、反国邑体制を堅持し得る機能的力量を完備するに至ったといえよう」と述べる。穀は確かに中原との通交のため重要な地理的環境にあり、軍事的要地でもあったが、ここでは「自立化が達成され」たことを示すような「穀人」等現地の勢力は確認できず、公子雍勢力が頼ったのはむしろ楚軍の駐留であろう。穀の「邑人」らが事前より「國」から自立し離反する志向を持っていたとの推測も可能かもしれないが、ここでは「邑人」らの動向が直接にも間接にも確認できないため、まずは楚軍の駐留という資料を積極的に評価するべきだろう。

(56) 襄二十五「祝佗父祭於高唐」、杜注「高唐、有齊別廟也。」

(57) 哀十「夏、趙鞅帥師伐齊。……於是乎取犁及轅、毀高唐之郭、侵及賴而還。」

(58) 定八「公侵齊、攻廩丘之郛」、哀二十「春、齊人來徵會。夏、會于廩丘」、哀二十四「（魯）臧石帥師會之（晉）、取廩丘。」

(59) 襄二十六疏「蓋齊人往前取得衛邑、以賜烏餘」とあり、斉は衛から廩丘を得て烏餘に賜与したという。疏は廩丘の位置からそう推測したのであろうが、廩丘がかつて衛に属したことを明示する記述は『左伝』には見えない。

(60) 襄二十六「齊人城郟之歲（襄二十四）、其夏、齊烏餘以廩丘奔晉、襲羊角取之、遂襲我高魚、……克而取之、又取邑于宋。」

(61) 『史記』田敬仲完世家「宣公五十一年卒、田會自廩丘反」、同『索隱』所引『紀年』「宣公五十一年、公孫會以廩丘叛於趙。」

(62) ここに挙げた「以邑叛」拠点邑のうちには采邑が含まれていることに注意しておかねばならない。盧は高氏の、廩丘はやや不明瞭ながらも烏餘の、それぞれ采邑であったと伝わる。采邑に国君の支配権はほとんど及ばなかったことは既に触れたが、平時においては臣下の采邑に対して支配権を浸透させることなど、そもそも関心の埒外であったと言うべきかもしれない。しかし「竟」での「以邑叛」が繰り返し生じたことは、本文に述べたように、それへの対応を「國」支配層に促したことには変わりないだろう。

(63) 吉本道雅二〇〇五（四四三頁）。

(64) 「衛貢五百家」はそもそも定十年の趙鞅の衛包囲のときに貢されたものとされる（定十三杜注「十年、趙鞅圍衛、衛人懼、貢五百家。鞅置之邯鄲」）。趙鞅は五百家を衛から貢納された時点で、自己の采邑である晋陽に移動していてもおかしくはない。それをひとまず邯鄲に置き、その三年後の定十三年にようやく移動を命じたのは、同年春に衛が斉と共に晋へ侵攻したこと（定十三「春、齊侯・衛侯次于垂葭、實郥氏。使師伐晉」）に対応したものと考えるのが妥当であろう。

(65) 増淵龍夫一九九六（四七〇頁）。

(66) 本章の考察は県の新たな評価にも関わるが、厳密を図るため、資料上明確な場合のみ「県」として扱う。第一節で述べたような問題があるため、「公」「尹」等の称謂からの規定は避ける。

(67) 魯以外には、晋・楚・斉・衛・鄭・梁などで「城」記事が確認できる。春秋期の築城記事は杜正勝一九九二（六三四～六三五頁）、許宏二〇〇〇（付表四）にも集成されている。

(68) 宇都木章一九九五は魯の築城記事とそれをめぐる軍事情勢について検討している。

(69) 吉本道雅二〇〇五（二三一頁）。

(70) 勃発年順に首班・拠点邑・勃発年を示すと、闘緡・權・楚武王期（前七四〇～前六九〇）、鄭厲公・櫟・前六九七、高弱・盧・前五七四、國佐・殺・前五七四、夙沙衛・高唐・前五五四、欒盈・曲沃・前五五〇、烏餘・廩丘・前五四九、高豎・盧・前五四四、范・中行氏・邯鄲等・前四九七、向魋・曹・前四八一。

(71) 小林伸二一九九二はこのような傾向を『春秋』の記事から検討している。

(72) 哀十七「彭仲爽、申俘也。文王以爲令尹、實縣申息」と追述される。

(73) 楊寛一九八一「春秋時代楚国利用滅亡的小国或小国的旧都改建為県、……継続推行向〝国人〟徴賦的制度、継続保持原有以〝国人〟為主力的軍隊編制、従而成為在辺境上的〝衛藩〟力量。」

(74) 春秋前期、楚以外に邑からの動員を確認できるのは、鄭の「制人」のみである（隠五「鄭二公子以制人敗燕師于北制」）。なお程発軔一九六七によると制は汜水上街、北制は滎陽古城とされ、動員対象邑が戦地近辺である点、後の議論と合致する。

(75) 杜注「鄀本在商密、秦楚界上小國、其後遷於南郡鄀縣。」

(76) 杜注「申息二邑子弟皆從子玉而死。言何以見其父老。」

(77) 杜注「子朱、楚大夫、伐江之師也。」

(78) 昭五「冬十月、楚子以諸侯及東夷伐呉、以報棘・櫟・麻之役。薳射以繁揚之師會於夏汭。……薳射帥繁揚之師、先入南懷、楚師從之、及汝清。」

(79) 繁陽は楚師の対陳出兵の際、駐留地となった（襄四「春、楚師爲陳叛故、猶在繁陽」）。また呉の侵略を受けた際の戦地ともなっている（定六「子期又以陵師敗于繁揚」）。

(80) 定四に左司馬戌（沈尹戌）が方城外を総動員して「淮汭」におかれた呉の船団を攻撃することを謀ったとある（定四「冬、蔡侯・呉子・唐侯伐楚、舍舟于淮汭、自豫章與楚夾漢。左司馬戌謂子常曰、子沿漢而與之上下、我悉方城外以毀其舟、還塞大隧・直轅・冥阨」）。また葉公子高が「方城之外」を率いて白公の乱を鎮圧したことが『国語』楚語下にみえる（「子高以疾閒居於蔡。及白公之亂、子西・子期死。葉公聞之、……帥方城之外以入、殺白公而定王室、葬二子之族」）。

(81) 秦晋が鄀に侵攻した際、秦人が析を通過している（本節資料①）。吉本道雅二〇〇五（八二頁）参照。史念海一九六三は丹水・漢水を利用する交通を指摘する。

(82) 杜注「東陽、晉之山東、魏郡廣平以北。」

(83) 昭二十四「陰不佞以温人南侵」、杜注「晉以温兵助敬王、南侵子朝。」

(84) 哀十一「春、齊爲鄎故、國書・高無丕帥師伐我、及清。……季氏之甲七千、冉有以武城人三百爲己徒卒、老幼守宮、次于雩門之外。」

(85) 襄十九「穆叔曰、齊猶未也、不可以不懼。乃城武城」とある。なお同名の邑が邾との「竟」付近にもある。顧棟高『春秋大事表』春秋列国地形犬牙相錯表巻六之下「魯有両武城」条参照。ここは当然斉側である。地理比定についても同書並びに程発軔一九六七参照。

(86) 包山楚簡は、戦国中期の楚における地方行政系統がそこに現れる点でも注目すべき資料であるが、その中に「県」なる単位は一切登場しない。これまでの研究では「県」の存在を前提して述べるのが常である。ただ近年、周暁陸・路東之二〇〇五により「蔡県（睘）」とされる封泥が公表された。ここから行政単位としての楚県の存在を主張する論者もある（郝士宏二〇〇六）が、これを行政単位「県」と解するには疑問がある（本書第三章第四節を参照）。もとよりこれが戦国楚の「県」を示していたとしても、それが春秋楚にまで遡れるものかどうか、明示的な材料に欠ける。

(87) 増淵龍夫一九九六（四六四～四六五頁）。

(88) 昭四「其藏冰也、深山窮谷、固陰沍寒、於是乎取之。……山人取之、縣人傳之、輿人納之、隷人藏之。」

(89) 春秋楚が「県」を採用していなかったことに関連して、「県公」「県尹」について説明が必要であろう。『左伝』では「県某」という動詞の他に、「県公」（宣十一）・「県尹」（襄二十六）の用例がある。これらの語は一見単位としての「県」の長官を示すごとくだが、資料的問題が存在する。すなわち、これらの語はそれぞれ一例しか存在しないのみならず、いずれも会話文中の表現なのである（宣十一「（楚荘）王使讓之（申叔時）曰、……諸侯縣公皆慶寡人、女獨不慶寡人、何故。」襄二十六「（伯州犁）下其手曰、此子爲穿封戌、方城外之縣尹也」）。このことは、動詞「県」が宣十一「遂入陳、殺夏徴舒、轘諸栗門、因縣陳」といった事件史的記述においても用いられることと好対照をなしている。『左伝』の史料的重層性はつとに指摘されてきたところであり、中でも会話文に戦国期以降の、もしくは成書地での認識を反映した創作部分が含まれるであろうことは疑いない。無論そうした部分も春秋期の現実をある程度踏まえているであろうから、歴史事実ではないと否定し去ることはできない。従って個々の事例に即して史料批判が必要となる。ここでは会話文であることに加え、本文で論じたように楚の動詞「県」には自国領域への編入以上の意味が認められないこと、さらに包山楚簡に「県」が出現しないことを考慮して、「県公」「県尹」の後代性を認めるのである。

なお戦国以降の観念で会話文が書き換えられうる一例として次の史料を挙げておきたい。公子棄疾らの霊王に対するクーデタの際、右尹子革が霊王に対して進言するなかで、「若入於大都而乞師於諸侯」（昭十三）と『左伝』は記すが、同じ発言が『史記』楚世家では「且入大縣而乞師於諸侯」となっている。すなわち、『左伝』の「大都」が、『史記』の「大縣」へと書き換えられている。この場合、県が常識的存在となった時代に編まれた『史記』が、戦国期ないしは漢代までの認識でもって春秋期の記事を「翻訳」したものと考えられる。むしろここでは『左伝』の方が当時の現実を表していると言え、『左伝』がこの部分で「県」を用いないことは楚における語彙としては正確なのである。

(90)　増淵龍夫一九九六（四七〇頁）。

第二章　「県」の系譜――「商鞅県制」成立の前提として

序　言

先秦期における「県」制は、常に秦漢郡県制との関連において論じられてきた。特に戦国期に関しては所謂「商鞅県制」が、のちの秦漢帝国の広大な領域を統合せしめ、中央集権支配を支えることとなる郡県制の直接の前身とみなされ、その実態解明を目指す研究が蓄積されてきた。

しかしながら、春秋期から商鞅県制に至るまでの「県」の展開については、十分な研究はなされてこなかった。それは春秋「県」制研究が実質的に増淵龍夫氏の説[1]の是非をめぐる議論に終始し、春秋「県」の特殊性追求に沈潜してきた以上、必然の結果ともいえる[2]。

そのため、「県」の制度については春秋・戦国間の断絶が意識される傾向にあり、近年に至っても、例えば鄒水傑二〇〇七[3]は増淵説をはじめとする日本の研究をも参照しつつ、「商鞅の設置した県と漢代の県は性質的に一致しているが、春秋時代の制度とは異なっている」と述べる。ここでも春秋・戦国間の断絶が認識されると同時に、商鞅県制は漢代のそれに直結するものとみなされている。このような商鞅県制の秦漢代への接続という認識もまた一般的なものである[4]。

しかし、春秋から戦国期にかけて、商鞅に至るまでには相応の歴史的沿革が存在したはずであり、断絶面ばかりが強調されている現況には問題があろう。これまで多量の研究が蓄積されてきた先秦時代領域支配の研究も、実情としては春秋期・戦国期それぞれの断代史的研究にとどまっている。春秋期においては県の性質そのものの位置づけが、戦国期においては県内部の統治機構の研究が、それぞれの分野における主たる課題となってきたが、戦国期に関する研究では、「県」はもはや自明のものとして扱われ、春秋県に関する議論にみられたような、「県」そのものの性質を問題にするという姿勢はほとんどみられない。言うまでもなくそれは史料の偏りによるところが大きいのだが、こうした関心の相異のなか、春秋から戦国にかけての歴史的沿革をたどる試みそのものがほとんど等閑に付されてきたこともまた問題であろう。

それと同時に問題視すべきは、秦漢代の郡県制のイメージを春秋・戦国期にも無条件に当て嵌め、「県」の出現をもってただちに中央集権化の象徴とみなすような意見も今なお見られることである。先秦時代全体における「県」の実態に対してはより慎重な扱いが必要であると考える。

以上のような問題関心に基づき、本章は春秋以来商鞅県制に至るまでを射程とし、この時期における「県」の意味内容について分析を加え、さらに「県」をめぐる状況、特に魏の歴史地理的ないしは政治地理的環境について論ずることで、先秦時代における領域支配の一端を解明することを目的とする。

第一節　「県」考辨

秦孝公十二年（前三五〇）の商鞅による「県」制採用は『史記』の年代記的記述に現れ、比較的信頼できる記事である。(5)

> 諸の小郷聚を幷せ、集めて大縣と爲す。縣ごとに一令、三十一縣なり。（『史記』秦本紀）(6)

この商鞅県制のもと、行政機構としての「県」が確立したといわれる。(7) その内実をめぐる諸説にはいま踏み込まないが、ここで最低限確認すべきは、商鞅の県は「小邑」を「集めて」形成されたものであり、それはある広がりをもつ一個の地理的範囲を示しているということである。個々の県は一定の管轄区を持つものであり、それぞれに令・丞が置かれ、その管轄区の行政を担当した。ここで商鞅の「県」は、明確に一個の行政単位となっていることを念頭に置いておきたい。

しかし本論第一章において指摘したように、先秦時代の「県」は、辨別すべき複数の字義を有する。商鞅県制により「県」は一個の単位であることが自明となるが、商鞅以前においてそうした認識は必ずしも常に当てはまるわけではない。議論は第一章とやや重なるが、行論の必要上、あらためて確認しておきたい。

（1）「県鄙」

まず「県」はより一般的に「県鄙」との意味を持った。増淵龍夫一九九六は「県」「鄙」それぞれの用例を精査したうえで、両者を同義に解すべき場合があることを述べている。すなわち、「鄙とは、国都を中心にしていえば、その周辺にある属邑の総称である、国都をはなれて多く存する群小の属邑を鄙とよぶのである」（四六五頁）という。これは国都とそれに属する小邑という関係に限られない。すなわち『左伝』であれば、

晏子に邶殿を與う、其の鄙は六十。（襄二十八）

と示されるように、ある（大）邑に付属する、一段低いものとしてしばしば集合的に把握される小邑が「鄙」と呼ばれた。そして全く同様の形式で、

余 汝に釐都□□を賜う、其の縣は三百。（叔夷鐘鎛）(8)

のように、「県」がそうした属邑を表すのに用いられることがあった。「県鄙」と熟する用例の背景には、こうした意味の類似性が伏在している。(9) ただ「県鄙」という際には、それに対置して国都ないし「中央」が想定されていることが普通である。

「県鄙」とは総称的、包括的な概念であり、それが指し示すのは漠然と「辺鄙なる地」といった意味である。つまり「県鄙」の場合、それは普通名詞であって、諸侯国の領域が複数邑から構成され一定の広がりを持つ以上、どの国にも「県鄙」が存在するのはごく当然のことである。前章に具体例を提示したように、「県鄙」は春秋期以来、普遍的にみられる。こうした意味での「県」の普遍性について、とりわけ増淵氏以後の研究は十分に注意しておらず、それが「県」の認識に問題を生じさせてきたと思われる（後述）。

（2）領域編成の単位としての「県」

いまひとつは言うまでもなく、郡県制に帰結することになる、地方行政単位としての「県」である。「行政」の内容についてはそれ自体別に検討すべき問題となるため、以後は単に「領域編成の単位」としておく。いずれにせよ、「県」が一単位となる点、普通名詞たる「県鄙」とは異なっていることに注意したい。

領域のある部分を「県」なる単位に編成することは、西周にまで遡りうる。そして西周の「県（還）」は、その機能、性質の面で春秋「県」に連続するものであったといわれる。(10) 西周における「県（還）」は、豊・鄭といったいわば「国都」クラスの地に限られていた点、より特殊だが、春秋期に入るとその数は増加してゆく。

この意味での「県」の存在が顕著になるのは、まず春秋晋においてである。晋では絳県（襄三十）・州県（昭三）・原県（昭七）などの用例が見られ、それぞれ絳・州・原で示される一定の範囲を「某県」に編成したものとみなされる。そのうち、晋県の代表格たる温県・原県は、周王朝から晋文公に与えられた「南陽」諸邑である。増淵一九九六（四三九頁）は、これらの邑が晋に帰属したのちに「県」と呼ばれ出したと考え、そこから、「県」とされることでいかなる変化が生じるのか、と問題提起するに至った。増淵氏は春秋以降の「県」のみを問題にしているが、西周以来「県」が存在していたならば、むしろこうした西周から晋への土地譲与の際に「県」の呼称もそのまま踏襲されたと考えるべきであろう。晋は春秋期の大部分にわたり周王朝を直接に戴いており、両者は密接な関係にあった[11]。春秋晋においては、西周の「県」制の影響を直接に被ったことで、領域編成の単位として「県」を用いることが定着したものと思われる。

さて、以上のような区分は無論、先学も無視していたわけではないが、より意識的にそれを郡県制の形成過程と関連づけて論じたのが周振鶴一九九七である。氏は春秋「県」を対象に、その意味内容をより細かく区分し、①「県鄙之県」、②「県邑之県」、③「郡県之県」の三段階で発展したものとした。このうち②「県邑之県」とは、一個単位で数えられるが③「郡県之県」ほどには直轄地的・中央集権的な性質は帯びていないもの、と位置づけられている。郡県制の確立以前にこうした過渡的形態を想定し、「県」の発展を詳細にモデル化したところに氏の説の特徴がある[12]。

ただ、周氏のいう②「県邑之県」と③「郡県之県」の違いは、中央集権的支配が進んでいたか否かという点にある。そうした発展段階が存在したこと自体は確かに認めるべきだが、それらの進展度の判断規準とされているのは、「県」における世襲の有無や国君直属地か否かといった要素であり、そうした要素については既に本邦でも十分議論されてきた。そして、そうした問題設定自体が孕む問題については前章において指摘したところである。周氏自身も指摘するように、春秋「県」における世襲の有無や国君直属地か否かといった性格は、多分に国君自身の権力の強弱に左右されるものであり、それらは中央権力のあり方を示す指

表：商鞅以前の「県」

	西暦・秦紀年	資　料	出　処
①	前六八八・武公十	伐邽・冀戎、初縣之。	秦本紀
②	前六八七・武公十一	初縣杜・鄭。	秦本紀
③	前四五六・厲共公二十一	初縣頻陽。	秦本紀
④	前三九〇・恵公十	與晉戰武城、縣陝。	六国年表
⑤	前三七九・献公六	初縣蒲・藍田・善明氏。	六国年表
⑥	前三七四・献公十一	縣櫟陽。	六国年表・魏世家

標にはなっても、「県」そのものと不可分な「制度」であるとみなすには問題がある。

②「県邑之県」と③「郡県之県」との違いは、ひとえに何をもって「郡県的」（＝中央集権的）とみなすかによって異なってくる。春秋「県」における中央集権の達成度如何といった議論には本章ではこれ以上踏み込まないが、注意しておくべきは、②「県邑之県」と③「郡県之県」はいずれも一個の単位を示すという点では共通しているのに対し、①「県鄙之県」は、「辺鄙の地」といった、漠然としたより大きな範囲を指していることである。つまり①「県鄙之県」とそれ以外の二者は、その意味内容が大きく異なる。すなわち、辺境のある広がりを示す「県鄙」と、一個の単位を示す「県」という区別が存在するのであり、この両者の別を認識しておけばまず十分である。

以上のように、「県」の字義は大きく二つの方向性を持った。このことを認識したうえで、改めて「県」の出現する具体的史料に立ち返ればいかなることが見えてくるだろうか。

第二節　秦の「県」

一　商鞅以前の「県」

まずは商鞅以前の秦における「県」のあり方について考察する。表に商鞅以前の秦にみられる「県」を列挙しておいた。

童書業二〇〇四（三四〇頁）は、武公期の「県」（①②）に関して、その出現の古さから、それは「県鄙」の意味にすぎないのではないかと推測していた。それは春秋秦の後進性ということに基づいて導かれた見解であったが、ここでは別の側面から検証を加える。具体的には、春秋楚との類似性という要素を持ち込むことでその見解を再評価してみたい。

まず、第一章で述べたように、『左伝』における楚の記事では「縣陳」（宣十一）、「縣申息」（哀十七）のように、他国を滅ぼして自国の所属とすること、すなわちそれまで他国の地であったところを新たに自国に編入することを「県」という動詞で表現していた。そして春秋楚の「県」それ自体は、領域拡大以上の意味を持つものではない。この意味で、楚における動詞「県」とは単に「楚の県鄙とした」ことを示すにすぎない。まして、特別な支配方式を有する「県」という単位への編成といった処置を直接に意味するものではない。さらに、春秋晋にみえる「地名＋県」のごとき用例は『左伝』の楚の記事中には見出せず、この点からも「県某」といった措置を被った地が「某県」なる単位へと編成されたことを示す確実な判断材料は存在しないことが分かる。したがって、春秋楚において領域編成のあり方として「県」制が存在したと想定し、「県某」とはその制度を新獲の地に適用することであった、と判断することは困難である。(13)

このように動詞「県」は、未支配地を新たに自国の「県鄙」としたこと、つまり領域が拡大したこと以上のものではない。しかし、「郡県制形成史」という視座に強く動機付けられた先秦時代の「県」制研究においては、動詞「県」であってもただちにおしなべて特殊な行政単位「県」への転換もしくは「県」の「設置」とみなし、楚晋のそれを一括して扱ってきた。しかしながら、本来「県」字のみからはその統治方式の実態は読み取れないのであり[14]、動詞「県」は直接に「某県」の存在を示すわけではないことは十分注意しておかねばならない。

動詞「県」が示すのは、その対象地を自国の領域へ編入したという動作のみであることを念頭に置き、あらためて上掲表に目を転じれば、商鞅以前の秦においても「県」はすべて「県某」と用いられていることが注目される。ここに春秋楚との類似を見出すことができるだろう。ただし、句法上の類似がそのままそれらの措置の同一を表すと直ちに結論することはできない。加えて、『左伝』と『史記』という出処の別も考慮する必要がある（後述）。春秋楚と商鞅以前の秦の「県」の類似が、一体どの程度までそれぞれの措置の同質性を反映しているものか、なお判然としない。

だが、商鞅以前の秦においても、動詞「県」が「某県」という単位への編成であるということを明証するような同時代的史料は存在しない。領域編成の単位というあり方での「県」は、商鞅以前の秦においても確認することはできないのである。したがってこの時期の秦においても、「県」なる単位を用いた地方支配制度が存在し、「県某」というのはそれを敷設することを表す、と捉えるのは不適切と考えねばならない。以上から、童書業一九八〇の提示した、商鞅以前の秦における「県」が「県鄙」としたことを示すにすぎないという見解は、やはり支持すべきといえる。

しかしこの見解はこれまでさほど顧みられることはなく、議論もほとんど進展を見なかった[15]。その中で、

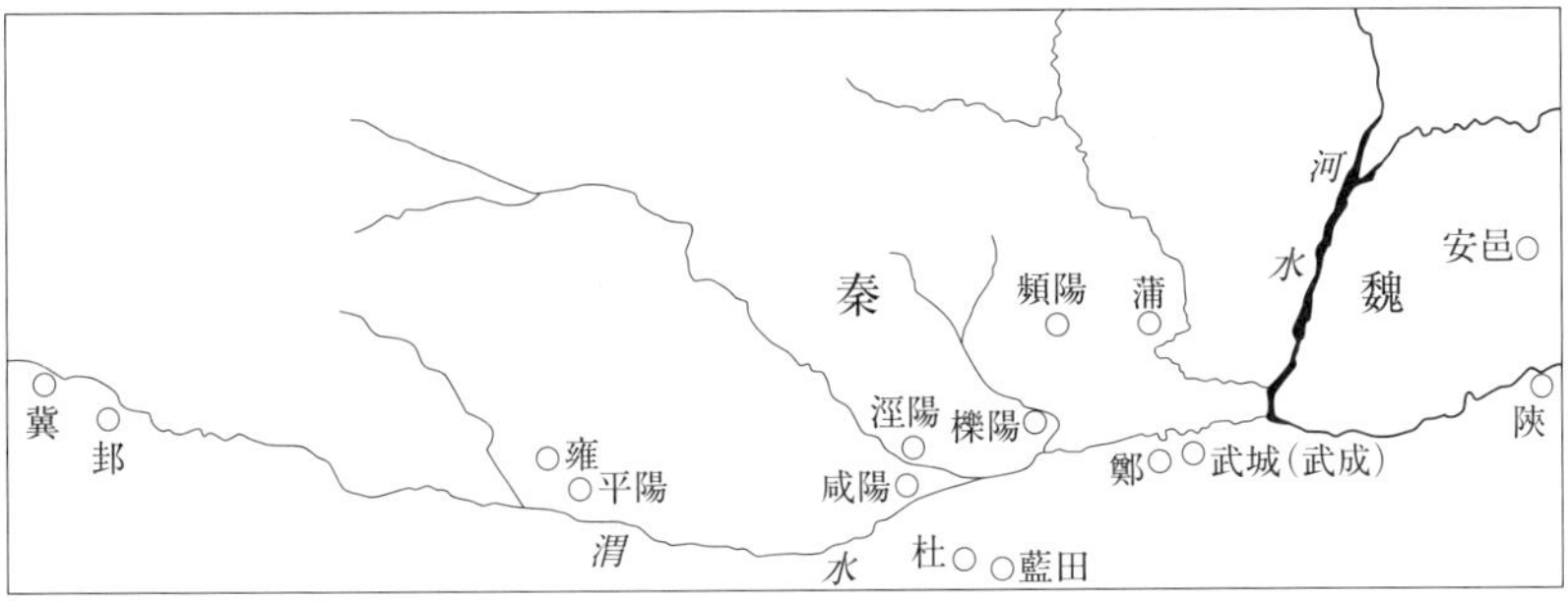

図1　秦・魏

先に触れた周振鶴一九九七のほかに取り上げねばならないのは王輝二〇〇二である。王輝二〇〇二は商鞅以前の秦の「県」が「繋ける」の意味にとどまると考えており、特別な「県」なる単位への編成もしくは「県」制の敷設とは考えない点、童書業氏と同列の発想に属する。王輝二〇〇二は上掲表中の史料について、①武公十年の邽・冀は、秦の古都たる西県には隣接しているものの、当時の武公の居所「平陽封宮」よりすれば遠く離れている、②武公十一年の杜・鄭は、平陽から遠いだけでなく、秦の領域自体と連続していない、③頻陽も同様、ということを論述している（なお③の時期には雍が秦都である）。王氏はこれらの「県」とは遠隔地を「飛び地」として自国に「繋ける」という意味であり、後世のような行政区画ではないとみなした。なお①②と③との間で大きく年代を隔てている点が気にはなるが、その性質に相違があるのかということを鮮明にできるほどの資料には恵まれていないため、これ以上は深入りしない。以上の王氏の議論、とりわけ「県」処置の対象が遠隔地であるという指摘は、春秋楚の「県」のあり方とも通じる点、非常に示唆的と言えるだろう。ただ、氏の検討は以上に限られており、④以降の史料には論及されていないため、以下にそれぞれにつき検討を加えておこう[16]。

④陝

表に掲げたように、秦恵公十年（前三九〇）、秦は武城において晋（魏）を撃破したのち、黄河沿いに東進し、陝を支配下においた（「縣陝」）。これが秦の陝経営の始まりであるとする論者もあるが、[17]ほどなく魏に帰したらしく、孝公元年（前三六一）に「東のかた陝城を圍む」（秦本紀）と、秦は再度ここに出兵している。秦の支配が確立するのは、「張儀をして伐ちて陝を取らしめ、其の人を出だして魏に與う」（秦本紀）とある恵文君十三年（前三二五）を待たねばならない。陝は深く魏の領域に食い込んだ位置にあり、秦にとって西河地域（後述）が未制圧の段階では、陝はまさに「飛び地」であり、その確保には相当の困難を伴ったと思われる。結局、恵公期の「縣陝」は一時的な占領に過ぎなかった。

⑤蒲・藍田・善明氏

蒲については同一地名が複数存在するが、銭穆氏の説（陝西省蒲城県東方）[18]に従えば、魏との接壌地、すなわち秦にとっての最前線にあたる。藍田は、丹水へと連絡しうる秦楚間のルート上にある。[19]⑤の記事よりのちのこととして、藍田に封ぜられたと思しき封君の存在がみられる。「梁恵成王三年、秦子向 命ぜられて藍君と爲る」（『竹書紀年』）の「藍君」がそれである。この条はテキストによって字句の異同があるが、[20]秦の子向なる人物が藍田の封君に任じられたと解するのが穏当であろう。それを前提とすれば、藍田は一旦は秦の支配を受けた（「縣藍田」）が、のちに封君が置かれたということになる。さらには百年程度下るが呂不韋の食邑ともなっている。[21]これらは「県」後の処置が多様でありえたことを端的に示している。善明氏はその呼称から異民族集団を表すと思われるが、詳細は不明。

以上④⑤⑥に関しては、実のところ「県」以前には秦の支配地ではなかったと断言できるわけではない。[22]

つまり、春秋楚の事例のように、「県」によって初めてそこが新たに支配下に入った、と判断できるというわけではない。「県」以前の所属・所在すら不明の地も含まれている。

しかしながら、やはりこれらの「県」という措置も、対象を「県鄙とした」という意味にとどまるものと考えるべきであろう。佐藤武敏一九七一等が指摘するように、これらの地は晋（魏）との抗争地域に位置し、付近の所属は極めて不安定、流動的であった。秦は「県」時点でそれぞれの地を新たに確保することになったものと考えられる。さらに、「杜県」「鄭県」といった表現は少なくとも商鞅以前においては見出せない。こうした事情から、これらの「県」が「ある地を某県という単位に編成する」との意味であることを支持する材料は存在しない。従って、ここまでの「県」とは、新規にその地を支配すること、王輝氏に従えば、遠隔ないし最前線を「飛び地」として確保することと捉えるべきである。

ただし⑥櫟陽の場合は明らかに事情を異にする。

⑥櫟陽

これまでと顕著に異なるのは、「縣櫟陽」以前、献公二年（前三八三）に築城あるいは修築され、かつ都城とされた来歴があることである。すなわち、

（献公）二年、櫟陽に城く。（秦本紀）

徐廣曰く、徙りて之に都すなり。（同『集解』）

とあり、また孝公期には、

献公　位に即き、邊境を鎭撫し、徙りて櫟陽に治す。（秦本紀）

と回顧される。[23]このように、櫟陽は元来秦の地であった。商鞅以前の「県」の類例から言って、「縣櫟陽」の時点以前に何らかの理由でその地を失っていたとも想定できる。しかし、都城となりえたような地を簡単に失うとは考えがたく、またそうだとしてもその経緯が史料に残らないのも不自然である。ここはやはり領域内の既存の地に対して動詞「県」が用いられていると考えるべきであろう。

すると、この時期より「県」という措置が、単なる自国領域への編入ということ以上の意味を持つようになっていた可能性が示唆される。つまりこの時点で、動詞「県」であってもそれが新たな支配制度の適用、当地を「某県」に編成することを意味するようになっていたのかもしれない。しかしながら後述の「県」字用法の転換を考慮すれば、やはりこの「県某」も、「某県」とは切り離して考えるべきであろう。[24]

商鞅以前の秦の「県」は以上に尽きる。そしてそれらは「県某」の形式に限られていることが確認された。その全てが春秋楚のようにそれまで領域外であった地を対象としていたものとは言えず、そのため「県」に「県鄙とする、自国領域に編成する」こと以上の意味が含まれていた可能性を排除することはできない。ここで指摘できる春秋楚の「県」との類似性は、それらが遠隔地を支配下に入れるという動作を示す点にとどまる。しかし同時に、「某県」の用例がここまでは皆無であり、「県某」後の処置も多様であったと想定される。従ってここにみた「県某」は、少なくとも「県」なる単位への編成もしくは「県」制の敷設を意味すると考えることはできないのである。

「県」後の措置としては、藍田にみたように臣下の封邑とすることもでき、また中央派遣の人材を置いて直轄的支配を及ぼすことも当然ながら可能であったはずである。要するに、のちの処置次第で「県某」とした対象の性質は異なってくるのであり、「県」それ自体に一義的に制度上の意味合いが伴っているわけではない。このように、「県某」という処置から、商鞅以後の郡県制下の「県」像、すなわち国君直接の任免にかかる長官がおかれ、中央集権的支配に寄与するものといったイメージを見出すことは不可能である[25]。そのような「県」制が存在したと、「県某」の存在から判断するのは短絡に過ぎる。結局、春秋楚と同じく、商鞅以前の秦[26]においても、「県某」は「県鄙とした」以上の意味を想定すべきではないだろう。

ここまでの検討では、『左伝』にみえる楚の「県某」と『史記』にみえる秦（商鞅以前）の「県某」の意味するところがほぼ同じであることを確認した。ここで、先に問題視した『左伝』と『史記』の出処の別について、両者の関係はいかなるものか考えておきたい。

『史記』では、物理的な「縣《か》（懸・繫）ける」という意味での「県」――例えば殷本紀「酒を以て池と爲し、肉を縣けて林と爲す」――といった用例を除けば、動詞的用法の「県某」、すなわち「某（地）を縣（懸・繫）ける」という意味での「県」は、その出現状況にある偏りをみせる。

まず商鞅以後にあたる記事としては、注（26）に掲げた秦本紀、恵文君十一年（前三二七）「縣義渠」、また趙の事例だが注（27）に掲げた趙世家、考成王十一年（前二五五）「縣上原」の他には見られない。そして、それ以外の「県某」は、『左伝』に取材したと思しい春秋期の楚の「縣陳」という場面にしか登場しない。それは、

已誅徵舒、因縣陳而有之。（陳杞世家）

徵舒弑其君、故誅之也。已破陳、即縣之。（楚世家）

恵王乃復位、是歳也、滅陳而縣之。（同）

の三例であり、これらは『左伝』の記述、

遂入陳、殺夏徵舒、轘諸栗門、因縣陳。（宣十一）

楚王奉孫呉以討於陳曰、將定而國。陳人聽命、而遂縣之（昭十一）。

を参照したものであろう。このことから、既にみた秦の「県某」も、司馬遷が参照した先行資料の表現を借用したものであったと推察される。

『史記』は言うまでもなく編纂資料であり、厳密な意味での一次資料では勿論ない。司馬遷はその編纂時点で先行資料の記事に対して漢代の目線に基づき表現を書き換えることも可能であったはずであり、これら「県某」がそのような処置を被っている可能性は否定できない。だが、秦・楚・趙の記事以外に土地を対象とする「県某」が見られない以上、その『史記』における表現は、おそらくすべてが先行資料からの借用であったとみなすほうが自然である。したがってそれは語彙としてより古風なのであり、司馬遷の時代にはもはや「自国の領域に編入する」との意味を動詞「県」を用いて表現することはほとんどなくなっていたと考えられる(27)。

ともあれ、秦の記事としての「某県」すなわち領域編成の単位としての「県」は、商鞅における県制採用を俟って初めて確認できるわけだが、それに前後する「縣櫟陽」（前三七四）・「縣義渠」（前三二七）をもって秦に関する記事から「県某」がその姿を消してしまうことは極めて示唆的である。以後、「県」は領域編成の単位としての「某県」を専ら示すようになる。このような『史記』における「県某」から「某県」への顕著な転換は、前四世紀半ばの秦における「県」制採用という領域支配の転機が正しく文献上に反映したものであったと評価しうる。

二 「県」制の継承

前項では、春秋楚と商鞅以前の秦における動詞的用法の「県」が、春秋晋や商鞅県制にみられる領域編成の単位としての「県」とは一線を画していることを確認した。一方で、商鞅に至って領域編成の単位としての「某県」が採用されたことは『史記』の語る通りである。ここにあらためて商鞅県制の画期性が浮かび上がるだろう。それでは、そうした画期の背景はいかなるものか、少しばかり考察を加えておきたい。

秦漢郡県制へと連なる、領域編成の単位としての「県」の沿革において、春秋晋とそれを直接継承した三晋の「県」制、さらにそれと商鞅県制とが密接な関係を有しているであろうことが、これまでの検討から推測される。ここで注目したいのは、春秋晋の「県」も商鞅の「県」も、いずれも「某県」という領域編成の「単位」であったことである。そのため、「単位」であるがゆえの意義・機能は、ここでいう「県」制と不可分なのであり、それらの継承関係を考えるうえで重要となる。

まず本論第一章で触れた通り、春秋晋の「県」について注目されるのは、春秋中後期の晋において、一県ごとに戦車百乗ないし兵員百名といった[28]、一律の軍賦供出を担うことが想定されていた点である。ここでは県に対して均質な軍事的役割が期待されており、晋の「某県」はその点において、制度的な規範性を有し始めていたといえる。そして戦車・兵員といった広義の軍賦を徴収する際の、まさに「単位」としての性格がここから重視されてくる。軍事的役割の向上それ自体は何も晋そして「県」に限った話ではないことは前章において指摘した通りであるが、戦国期に至り「県」なる単位が軍事的性質を強く帯びたことは事実であり、したがってこうした春秋晋「県」の性質が「戦国以降の郡県制の先駆[29]」と評価されるのも故無きことではない。

いまこの論点をめぐる研究史を少しく繙いてみよう。「県」が春秋中期以後、軍賦徴収の単位としての機能を担ったことはつとに鎌田重雄一九五三が指摘する。これに対し守屋美都雄一九六八（八〇頁）は、加藤繁一九五二を参照しつつ、そうした土地単位で軍賦を課税する制度は、鄭の丘賦や魯の田賦の如く他国でも出現していたとして、「県」と賦とを直接に結びつけることには批判的である。確かに、土地を単位に軍賦を徴収するという方法それ自体は、晋にのみ見られるというわけではない。しかし同時期に「県」なる呼称の単位を用いてこの制を敷くことは、より確実な記事としては晋にしか見出せないのであり、そしてそれが後代の郡県制へと連なっていくことに注目すれば、春秋晋におけるそれが後代に対して重要な意義を持ったことは疑いない。

春秋晋において、「県」が軍賦徴収単位としてどの程度実際に機能したかは明らかではないが、そうした機能は時代が下るに従って次第に強化されていったと思われ、楊寛二〇〇三b（二三〇頁）に挙例される通り、戦国期に至るとより広範な地域で見られるようになる。また重近啓樹一九九九は、戦国秦以降、漢代に至るまではとりわけ県の役割が重要であったことを指摘し、「戦国期の秦をはじめとする国々において、兵の徴発、編成、発兵が県を基礎単位として行われ」ていたと述べる（二一九頁）。また、宮宅潔二〇一〇（二四二頁）は里耶秦簡に基づき、一般人の徴発に関して県が主体的に関わっていたことを指摘する。

「県」が「単位」として当時最も重要な機能を果たしたのは、このような軍賦の徴発、編成、発兵といった軍事動員の取りまとめという場においてであったことは疑いない。これは、戦国秦から漢代にかけて、「県」が「単位」であったことと不可分の、いわば必然的な機能であったと言える。

顧みて、その萌芽が春秋晋の記事として史料に徴しうるのであれば、商鞅県制における単位としての「県」の採用は、晋（魏）におけるこうした機能を継承したものであったことは間違いない。それは単なる継承ではなく、その性格をより強化せんとするものであったであろう。つまり、商鞅によって秦に導入されたのは、何より均質な軍賦徴収単位としての機能を期待されたこの「単位」としての「県」であった。それはとりもなおさず、制度としての「県」制である。商鞅県制は、「県」の敷設がようやく資料の上で直接的に明言されたものであり、「県」に積極的・明示的に軍賦徴収単位としての性格が賦与されたことを示している。宮崎市定一九九一（一八一頁注14）は、商鞅県制に関して以下のように述べる。

咸陽に都を奠めるとともに、地方に県制を布いたので、それは動員を便にするためであろう。即ちあまりに小都市が散在していては命令を伝え軍隊を徴発するに不便なので、実際に小都市の合併を行い、有る程度の大形都市を造営してこれを徴兵の単位としたという意味で、単に県なる制度を机の上で立案しただけに止まるものではあるまい。

西周・春秋以来、確かに「県」は単位であるというその点において一貫して共通の性格を有していた。だが商鞅はこの単位を整備するために、「小郷聚を幷せ、集めて大縣と爲す」といった小都市の合併をも行ったのであった。宮崎氏が鋭くも提示した、小都市の合併と軍隊動員の便とが直結していたという構図は、「県」制の最も基本的な機能を的確に捉えている。領域編成単位の整備とは、合併によってより大型の都市を人為的に形成することでもあった。

さて、商君列伝等にみられるように、商鞅はまず魏に仕えたのち秦に至った。その際に魏律を携えて秦に入ったという伝説[30]の真偽を検証する術はないが、晋（魏）・秦が隣接していることから、両者間での不断の人的交流[31]を背景として、制度上でも随時影響関係が生じえたことは疑いない。魏から秦への影響についてはこれまでにも指摘されてきた通りであり、例えば元の呉師道は『戦国策』秦策二の注において、郡が県を統轄する方式について、それはまず魏などの「山東諸侯」が古制を変えたことに始まり、秦はこれに倣ったものであるとする。同様の意見は楊寛二〇〇三第六章にも見られる。郡については第四章で論述するように秦が先行すると考えるべきだが、以上は「山東諸侯」から秦への制度波及をはやくに指摘したものである。また楊寛二〇〇一（二四七頁）は、秦献公期における殉死廃止・戸籍作成などの改革を、魏の法制に倣ったものとみなす。銭穆二〇〇一b「商鞅考」はより包括的に、商鞅の改制は李克・呉起の遺教に拠るところが大きいとみなしている。

とはいえ、このような制度の波及過程には深浅緩急があったであろうから、「県」制の導入についても商鞅ただ一人の所為に帰することはできない。しかし、秦が魏の制の影響を不断に受けていたこと自体は間違いなく、とすれば先にみた商鞅以前・以後における『史記』の「県」用法の転換は、魏からの「県」制の導入以前・以後を端的に反映しているものであったと考えるべきではないだろうか。

つまり、秦における「県」の沿革は、普遍的、一般的存在であった「県鄙（にする）」という意味でのそれがまず現れ、そのときにはなお制度的な意味合いは見出し難いが、前四世紀半ばに至って魏制の影響のもと、領域編成単位としての制度的な「県」への転換が起こったものと想定することができるのである。

以上の考察に大過ないとすれば、「県」制の継承関係は、

西周―春秋晋―三晋―秦―漢

との図式化が可能である。ここに西周より漢代に至るまでの「県」の系譜を辿ることができる。

ここで改めて注意しておきたいのは、この系譜上にある「県」（領域編成の単位としての「県」）と、春秋楚や商鞅以前の秦の「県」との差異である。春秋楚や商鞅以前の秦が、領域を「県」に編成することを行って

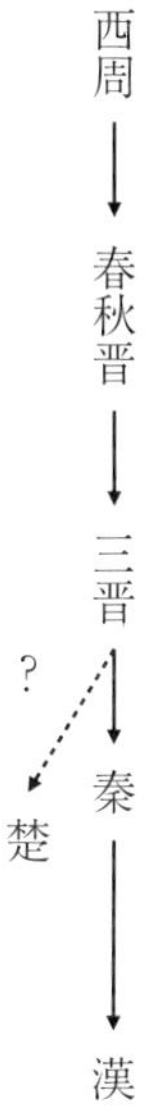

「県」の系譜

いなかったのであれば、少なくとも春秋晋が西周から「県」を継承したのと同時期において、秦や楚では同様の「県」制は採用されていなかったということになる。すなわち、ここでみた「県」の用例の差異はまた、西周―晋と継承されてきた「県」制の波及の限界を示すものでもあり、秦漢郡県制へと至るものとは異質の経路を表していると考えられるのである。(32)

第三節　魏の領域構造とその変動

前節までの検討は幾分表面的に過ぎ、制度の実態に十分には立ち入っていない憾みもあろう。既述の知見を踏まえれば、商鞅県制の前身となったであろう魏の「県」制のより具体的な展開過程こそがまず解明すべき焦点となる。

しかしながら、戦国期では「県」の性質・制度を直接に示す史料は零細であり、「県か否か」「県とは何か」を明確にしつつ論じていくことはきわめて困難である。ただ、春秋晋では地方邑を「某県」と呼ぶことが普及しており、それを直接継承した戦国期以降の三晋でも状況は同様と考えてよいだろう。したがって、西周・春秋より引き続いてきた「県」制の展開を、戦国以降においてさらに追求するためには、まず三晋の地方邑支配一般について検討することが要請される。

三晋、わけても戦国魏の地方統治に関しては、近年の出土文字資料に基づく研究によって一定の成果がみられた。兵器銘文等を利用した研究により、戦国魏では他国に先駆けて地方統治機構を整備していたことが指摘されている。(33)

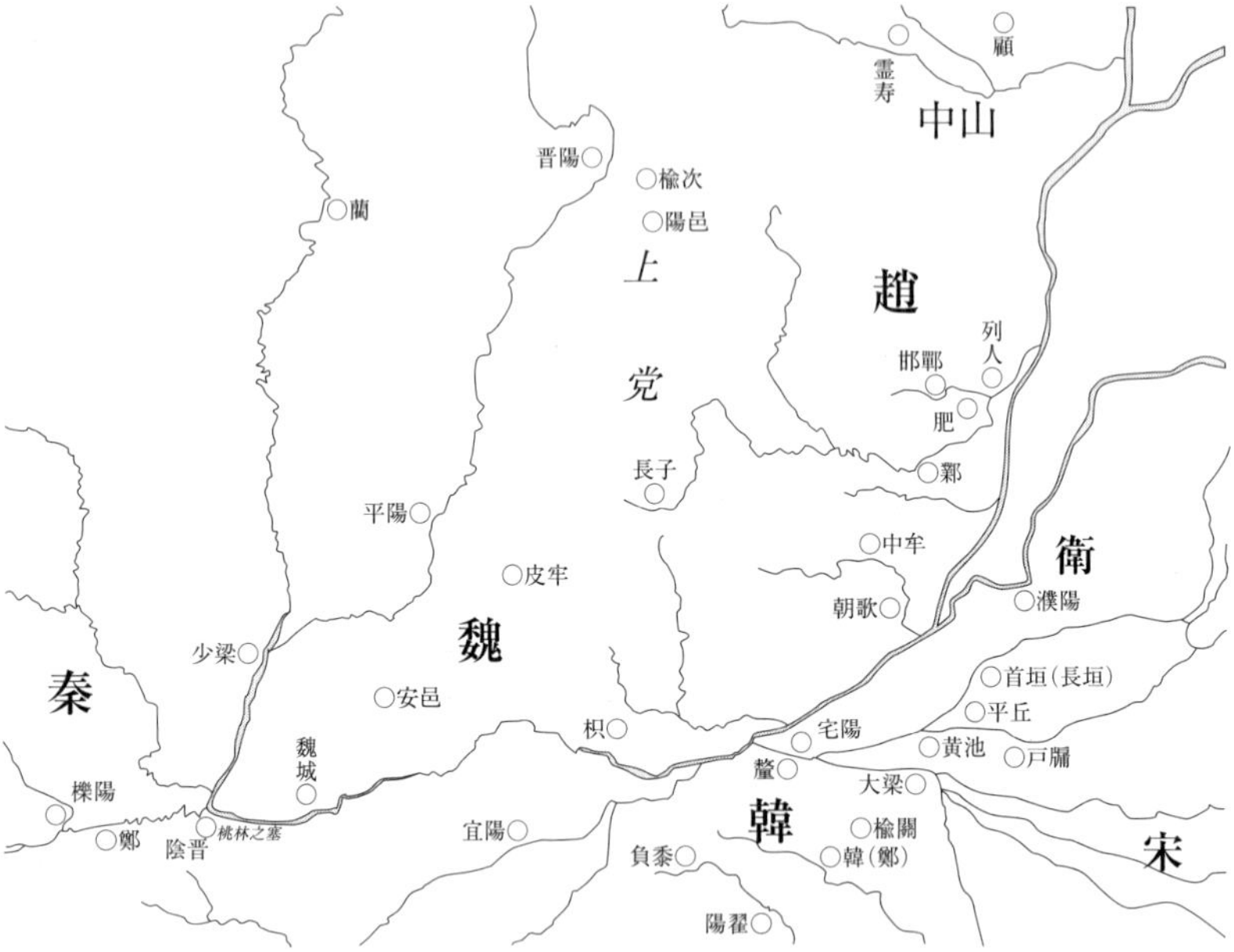

図 2　三晋・秦（戦国前中期）

これに対し、ここではそうした地方統治が整備されるうえで前提となったであろう、政治地理的状況の沿革やその歴史的意義といった、より根本的なことに焦点をあてたい。政治地理的・軍事地理的な環境の如何は、地方統治の性格に深く関係するものであり、それらを明らかにすることで「戦国的県」に関わる示唆を得ることができると考えるためである(34)。

以上の展望に従い、本節では「県」制の沿革・展開の実情に迫るための手がかりとして、「県」制の整備過程と密接な関わりを持ったであろう魏の領域構造について検討していく。なおここでは戦国初頭、立侯以前についても魏をひとつの国として扱うこととし、具体的な時代としては、『左伝』の記事が終わる前四六八年より商鞅県制の施行された前三五〇年までを対象とする(35)。

一 文侯・武侯期

まずは戦国前期（文侯・武侯期）であるが、この時期、魏の政治中心の舞台は大きく東西に重心を有した。それは直接には、魏の東辺・西辺それぞれにおいて隣国との紛争が頻発することによる。これまでもそのことは意識されてきたが[36]、特にここでは歴史的経緯との照合に重点を置くことで、あらためてその状況を確認していきたい。

まず西部では、大梁遷都以前の魏の本拠地たる安邑がひとつの中心となる。そして領域最西部においては戦国前期から中期にかけて、西河地域をめぐる秦との抗争が繰り返された。ここで西河というのは、おおむね汾・河の合流点から渭・河合流点に至るまでの河水西岸を指す。現代でいえば山西省南西部と陝西省の交界に位置する。

秦にとっては中原への門戸となり、晋（魏）にとっては覇権の帰趨に深く関わるこの地域の重要性は、『左伝』以下の史書によく残されている。

春、晉侯 詹嘉をして瑕に處らしめ、以て桃林之塞を守らしむ。（文十三）

桃林之塞は河水南岸、のちに潼関が置かれる地域である。またこの付近は「陰地」とも呼ばれており、哀四に登場する「陰地之命大夫士蔑」の「命大夫」は、広域を総監する大夫であったと考えられ[37]、この地が晋においてより特殊な地位を与えられていたことを窺わせる。

河水西岸は長らく秦晋の紛争地帯となっており、そのため互いの君主が河水の「向こう側」に渡るのを忌避したこともあった。

秦・晉 成を爲し、將に令狐に會せんとす。晉侯先ず至る。秦伯肯えて河を渉らず、王城に次し、史顆をして晉侯に河東に盟せしむ。晉の郤犨 秦伯に河西に盟す。（成十一）

このように互いの領域に君主自身が入ることは危険視されており、また同様に、

夏、諸侯の大夫 晉侯に從いて秦を伐つ、以て櫟の役に報いるなり。晉侯 竟に待ち、六卿をして諸侯の師を帥いて以て進ましむも、涇に及びて濟らず。（襄十四）

とあり、ここに見える「竟」は河水西岸一帯かあるいは河水そのものを指すか確定しがたいものの、晉侯（悼公）自身はそこを越えていこうとはしなかった。

そして春秋・戦国の交以来、秦からの断続的ではあるが執拗な攻撃が目立ち始める。厲共公十年（前四六七）の「庶長 兵を將いて魏城を拔く」（六国年表）を皮切りに、秦はしばしば河東を侵す。この頃、秦の近辺では義渠や大茘といった異民族勢力が強勢を誇ったが[38]、そうした勢力の排除も同時に進められ、西河における秦魏直接対立の構図が準備される。この後、晉の内乱によって秦晉の対立は一旦鎮静化するが、秦霊公七年（前四一八）、再び「魏と少梁に戰う」（六国年表）と、紛争は再燃する。対して魏は繰り返し築城を行うことによって西河地域の軍備強化を図った[39]。

魏文侯期にはおおむね魏が攻勢にあり、李悝・呉起ら、文侯のスタッフにまつわる西河を舞台としたいささか類型的な説話群は、魏秦が激しい抗争を繰り広げた事実を下地としているのであろう[40]。以後、西河紛争は一進一退を繰り返したが、秦恵文君六年（前三三二）に至り陰晋が秦に帰するや、一転、河西割譲、上郡献上と、魏の後退・秦の進出は加速される。

以上のように、戦国中期に至るまで断続的に続いた魏秦の抗争からは、魏が西河地域を重要視していたことの具体相が知られ、この地域の政治的・軍事的重要性を窺うに足る。

次に魏の領域東部について、その動向が目立ち始めるのは前五世紀の終わり頃、特に文侯期以降であるものの、この地域は斉趙やときにその同盟国となった宋衛などに隣接しており、その政治的・軍事的重要性はほぼ恒常的に高かったとみてよい。

先にみた西河紛争に関連して呉起や李悝の説話が形成されていたのに対し、領域東部に関しても、中山への侵攻とその支配をめぐる説話が、文侯のスタッフを中心として語られる。詳しく掲げることはしないが、各種先秦文献や『史記』等に登場するのは、公子摯（のちの武侯）・李克・樂羊といった面々である。このように文侯の有力な臣下たちが領域最東方に駐在し、東方経営に当たっていた。

領域東部に関しては内治の面での説話も豊富に残されている。とりわけ鄴の「令」となったとされる西門豹の説話は枚挙に暇がない[41]。鄴は魏の領域東部の一中心であったが、その来歴は、『管子』小匡によればもと斉桓公の設置にかかり、五鹿や中牟などとともに、「諸夏」をまもるための邑であったと伝わる[42]。戦国時代には魏に帰し、魏文侯の初年には一時的に魏都となったとも言われる（銭穆二〇〇一b、一七六頁）。その位置からするに、鄴は魏が趙斉と対立・抗争する際には最前線の拠点となったと考えられる[43]。

このように魏の領域東部に関する情報は豊富に残されているが、その多くが説話的性格の濃いもので、それぞれ編者の立場による理想的脚色を被っているはずである。ただし、それらを完全に架空の物語として排除する必要はない。それらが李克や西門豹を主役とし、中山や鄴を舞台として仮託されるには相応の必然性があったに違いない。少なくとも、戦国前・中期の魏が、その軍事情勢に応じて領域東部にも政治的・地理的重要性を有していたことと無関係ではない。

以上、戦国前期において魏は東西に重心を有するいわば二元的な領域構造を呈していたことが知られる。ただし戦国前期の魏において、政治的軍事的に最重要であったのはあくまで都城安邑を中心とする西部であり、東部に関しては断片的な史料しか存在しないが、重要度も相対的に低かったと考えるべきであろう。ここでは戦国前期の魏の領域構造を東西二元型の領域構造と捉えておくが、重要性において東部は西部に劣ることには注意しておきたい。

一方、東西の狭間（河内・河南方面）についての状況はほとんど伝えられていない。ただ、その地域には韓趙が勢力を有しており、そのためにこの時期、魏の領域はむしろ東西二元型とならざるをえなかったと捉える方が正確であろう。

この状況から容易に推察されるのは、東西間の交通・連絡に大きな困難を伴ったであろうことである。それを示唆する二つの説話を見ておこう。

まず魏の中山侵攻時（前四〇八）のこととして、次のような説話が伝えられている。

魏文侯 道を趙に借りて中山を攻む。趙侯 将に許さざらんとす。趙利曰く、「過てり。魏 中山を攻めて取る能わざれば、則ち魏必ず罷れ、罷るれば則ち趙重し。魏 中山を抜くも、必ず趙を越えて中山を有する能わず。是れ兵を用いる者は魏なりて地を得る者は趙なり。君 之を許すに如かず……（『戦国策』趙策一）

魏文侯は中山への侵攻のため、趙に「借道」を申し入れ、趙（烈）侯はそれを拒否しようとしていた。その判断を非とする趙利によれば、たとえ魏が中山を制圧したとしても、間に趙の領域を挟むので、それを越えて領有することなど不可能だという。それにもかかわらず魏が中山を侵略しようとしたのは、当時三晋が未分立であったことの反映ともいわれる(44)。しかし一方で魏と中山との間の「道」は趙の支配下にあるものと認識されており、そのために魏はまず「借道」を申し入れる必要があったのである。無論、この説話が実録であるとは信じがたく、同時代人の認識が直接反映していると見なすことはできない。しかしながら、趙の領域が魏と中山との間に横たわっていたことは確かである。それが両者間の交通を積極的に阻むというわけではなかったが、魏がその領域東西間を自由には通行し難かった、もしくは一定の制限を受けたことは確かであろう(45)。

同様のことが次の史料からも示唆される。

魏文侯に子有りて撃と曰う、次は訴と曰う。訴　少なるも之を立てて以て嗣と為し、撃を中山に封ず。三年往來莫し。(『韓詩外伝』巻八第九章)(46)

公子撃は父の文侯により中山に封ぜられたが、それ以来両者には三年の間往来がなかったという。ただしこのことは本説話においては付随的情報にすぎず、魏文侯と、中山という遠方に封ぜられた公子撃との疎遠さを強調する修辞以上のものではない。この「三年往來莫し」という事情は、ひとえに文侯と公子撃との個人的関係——当初、公子訴が太子とされ、公子撃は疎まれていた——に因る。しかし、魏文侯と公子撃との疎遠な関係を成立させた背景として、中山と文侯の居所安邑とが積極的・緊密な連絡の保ち難い距離・環境にあったという現実をここに読み取ることは許されよう。

その後、公子撃の傅であった趙蒼唐の働きもあって、終には太子訴が廃され、公子撃＝武侯が即位するというのが説話の本筋だが、それはここでは関係ない。注意しておきたいのは、さらにのち、経緯は明らかではないものの、中山国が魏の支配を逃れ再び独立していることについてである。これは魏が中山への控制力を失ったことによるともいわれる(47)。そこにはまず中山国自身による自発的行動があったであろうが、中山復国を可能ならしめたのは、安邑に都する魏にとって当地が遠隔に過ぎ、しかも趙の領域を挟むという地理的条件も一面で要因となっていたはずである。果たして、中山復国に対する魏からの抑圧は史料に見出せない。それは、この遠方の「飛び地」を確保することの非効率が考量され、中山の状況に対する魏の姿勢が消極的なものとなっていたためであろう。

文侯・武侯期において領域東部——中山ないし鄴方面は、確かに魏の領域の構成部分ではあったが、安邑を中心とする西部との緊密な連絡は望むべくもなかった。これは次代、恵王（称王以前も便宜的に恵王と称しておく）の即位時において致命的な問題として浮上し、そのためそれへの対策が恵王期の国策の基調を占める。そして同時に、そのことが恵王期を画期たらしめることとなる。節をあらためよう。

二　恵王期

まず恵王の即位（前三六九）に至るまでの内乱について確認しておく。

恵王元年、初め武侯の卒するや、子罃 公中緩と太子と爲るを争う。公孫頎 宋より趙に入り、趙より韓に入り、韓懿侯に謂いて曰く、「魏罃 公中緩と太子と爲るを争う、君も亦た之を聞くか。今魏罃 王錯を得、上黨を挾み、固に國に半ばすなり。因りて之を除かば、魏を破るは必せり、失うべからざるなり」と。懿侯說び、乃ち趙成侯と軍を合し兵を幷せて以て魏を伐ち、濁澤に戰う。魏氏大いに敗れ、魏君圍まる。（魏世家）

武侯の卒後、公子罃（恵王）と公中緩が太子位を争った。その際、公子罃・王錯の側は上党を確保しており、公孫頎の見方では彼らを排除すれば魏の敗北は必至だという。ここで上党が敢えて言及されるのは、それが魏の解体に関わるほどの地理的重要性を持っていたからである。前節で見た通り、魏の東西交通には困難を伴ったが、それでもなお魏は独自のルートを確保していたはずであり、その一つがここに見える上党にあったことは疑いない[48]。つまり、上党は魏の領域東西を連結しうる役割を有していた。したがって上党の喪失は、魏の領域の解体に等しい。公孫頎の献策は、こうした事情を踏まえてのものであった。しかし、こののち韓趙が不和を生じたことから魏への攻撃は頓挫し、ために魏はその領域の解体を寸前で免れることとなる。

こうした経緯を経て即位した恵王の時期、構造的に不安定を孕んでいた東西二元型の領域は修正に向かう。すなわち魏は連続的な領域の形成に向けて意を注ぐと同時に、遠隔地支配を放棄してゆくのである。無論、恵王以前からも三晋において領域確定化の必要性は自覚されていたものと思われるが、それが具体的な邑の整理、連続的な領域の獲得といった行動として顕著になるのは、恵王期以降である。さらにその傾向は魏に限ったものではなく、三晋に共有されてもいる。以下に詳しく見ていこう。

まず趙成侯は、恵王即位時の内乱に乗じて中原へ進出し（前三七〇）、攻勢に乗じて鄭にまで侵攻する[49]。このとき趙は鄭から邑を奪取したようであるが、これは韓に与え、自身は韓より長子を獲得した。長子は漢代上党郡の郡治である。趙がまず遠隔地支配を忌避したことが窺われるだろう。

魏では恵王即位以来、趙成侯との対立がしばしばみられる。「（趙成侯）十三年、……魏 我を澮に敗り、皮牢を取る」（趙世家）とある澮水での抗争（前三六二～三六一）では、魏は趙の皮牢を奪っている。この地域になお魏趙の邑が交錯していたことを窺わせる。皮牢は旧晋の古都に近く、春秋期以来の趙邑であったと思われるが、成侯の前代、敬侯期に既に邯鄲遷都を果たしていた趙[50]にとってはこの地域の確保は困難であっただろう。

同時期に恵王は趙から肥・列人なる邯鄲に近い邑を獲得している[51]（前三六二）。一方でその翌年、魏から趙に楡次・陽邑が割譲される[52]。楡次・陽邑はかつて趙氏の本拠であった晋陽付近の邑だが、これらがこの時期ようやく趙に帰したということは、逆にいえばそれまでは魏に所属していたことになる。この処理からは、当時趙魏の邑がかなり広範にわたり散在、交錯していたこと、また魏が遠隔地支配を放棄してゆく傾向にあったことが読み取れよう。

　このように魏趙それぞれの辺縁部において交錯した邑の整理が行われるなか、魏の大梁遷都が敢行される(53)。楊寛二〇〇一、宋傑二〇〇二は、魏は大梁遷都にあたり、趙韓との交錯地を整理し、中原において連続的な領域を形成した、と指摘する。しかしそれは正確ではない。確かにこの時期はそうした連続的な領域を形成する傾向にはあるのだが、むしろ大梁遷都以前の領域整理は、上にみたように、魏の辺縁部、それも趙との交錯地に限られ、大梁のごく近辺にもなお他国の邑が存在していた(54)。そのため、遷都以後も大梁付近においては意識的に領域の整理が目指された。前三五七年には、

梁惠成王十三年、鄭釐侯 許息をして來りて地を致さしむ。平丘・戸牖・首垣の諸邑、鄭と地を馳《うつ》す。我 枳道を取り、鄭に鹿を與う。（『竹書紀年』）

とあるように、韓との土地交換がなされ、魏は平丘・戸牖・首垣（長垣）の諸邑、また枳道を獲得した。枳道周辺の所属状況は判然としないが、平丘・戸牖・首垣は大梁以東に位置し、韓にとっては「飛び地」となる。魏が大梁遷都した後にあって、韓にとってその近辺の地を確保しておくことはもはや望ましくなかった。そのためにこの交換が成立したのであろう。

　大梁以東にはなおも韓邑が残っており、そのためそこが魏の標的となった。

宋 我が黄池を取る。魏 我が朱を取る。（六国年表、韓昭侯二年）

黄池・朱ともにこれまで韓が有していた地である（朱は地望不明、黄池は大梁にほど近い）。一方の大梁西方では、

恵成王十三年、王 鄭釐侯と巫沙に盟し、以て宅陽の圍を釋き、釐を鄭に歸す。（『竹書紀年』）

大梁西方に宅陽や釐といった韓邑が存在し、魏はそこを攻撃していたが、ここにきてそれを韓に譲渡していることから、大梁西方の韓地を侵略することはひとまず断念した模様である。このように大梁遷都以後の状況からは、魏韓の交錯地が解消される過程を見ることができるが、このことはつまり大梁がそれまで韓の領域を分断する位置にあったことを示しており、それにもかかわらず恵王は大梁遷都をまさに敢行したのであった。そして恵王は改めてそこを起点として周辺への領域拡大を図り、結果、韓との間に軍事行動を背景とした領域整理が繰り返されたのである。

以上のように、恵王期においては連続的領域形成への志向が強く表れている。春秋晋以来、韓魏趙氏の世族としての采邑は晋領域内の各地に散在していたが、「晋の領域内」である限りは散在状態にさほど問題はなかった。ところが三晋がそれぞれ独立諸侯となることによって、邑（県）の散在は領域の交錯という問題として表面化し、魏恵王期に至ってそれを解消しようとする動きが活発化してきたのである。魏恵王期における連続的領域への志向は、そのように位置づけうる。この志向が、即位時の内乱において領域解体の危機を眼前に見た恵王の個人的経験に強く由来していたであろうことは想像に難くない。

三 領域構造の変動と「県」制

商鞅県制に至る道筋を跡づけるために、その前身となったであろう魏の領域構造の推移を追ってきた。そ

こでは、恵王を画期として、東西二元型の領域を脱却し連続的領域の形成が強く推進されるという方向への転化がみられた。このような沿革を踏まえ、魏の「県」制の性格について論じておきたい。

第二節で触れたように、まず春秋晋における「県」制は地方の一定の均質化を企図したものであったことが窺われる。わずかに軍賦徴収単位という視点から論じえたのみだが、そこには「県」の軍事的役割の均質化が認められる。そうした側面が、春秋晋以来の「県」には不可分に伴っているのである。そして、時代を経るに従い各「県」における軍事的負荷は増大してゆき、それは個々の「県」当地の支配ないし強制力の強化を一面で推進したと思われる。だが、こうした「県」が戦国期に至ってただちに「中央集権」と結びつくというわけではないことを、ここでは指摘しておきたい。

既にみたように、戦国前期における魏の領域構造は、東西二元的にいわば「分裂」し、それ以外の部分も他国領域とかなり深い交錯状況にあった。それは「中心」「中央」が一国の中にただひとつのみ存在し、そこに政治・経済・軍事が集中するというような構造ではない。こうした状況下では、中央が「県」を単位として領域全体に一定の軍賦（人的・物的）を課し、それに対して「県」現地は軍賦をとりまとめ、それを中央へと集積する、といった「中央集権」は想定しがたい。というより、そもそも戦国前・中期の諸侯国が軍事力また経済力等の「中央」への集積ということを最終目的とみなしていたかどうか、また、戦国中期以前の「中央」とはいかなるものだったのか、そういった問題を再考する余地すら生じてくるだろう。

ともあれ、領域の交錯という状況は、軍事力・経済力の一箇所への集積という点からすれば当然ながら効率的ではない。「県」が軍賦徴収単位としての役割を中央に対して果たそうとするならば、都城と県の間の交通路が確保されている必要がある。領域交錯状況下での交通路の支配権については、それ自体専論に値する問題だが、領域の連続部分が相対的に少ない段階においては、そうでない場合に比べて支配不安定を呈したことは間違いない。魏では東西領域間の交通・連絡に困難を生じていたことは既述の通りである。物理的な移動に困難をきたしているならば、同時に、地方に対する管理・命令系統の一極集中も阻碍されたことは容易に想像される。軍賦・租税徴発手段としての、ないしは管理・命令系統としての「県」制が円滑に運営されるためには、上にみてきたような領域構造上の問題が解決されていることが前提となる。従って、三晋分立から魏恵王期までの間、「県」制は、「中央集権」という観点からすれば、その運用面・現実面において一旦その機能を後退させていたものとみるべきではないだろうか(55)。

なお、魏が中原の覇権を得たのは戦国前期、すなわち文侯・武侯期においてであり、それは恵王による領域「再編」以前であった。つまり、戦国前期の魏の軍事的優勢が必ずしも「県」制の十全な運用を要件とはしていなかったことが示唆されるのであり、これも興味深い点である。

以上のように、恵王以前における魏の「県」制は、その存在が直ちに中央集権的支配の存在を証拠づける類のものではない。むしろその機能の停滞もしくは後退が予想される。春秋晋以来、軍賦徴収単位としてその軍事的役割が期待された「県」制は、三晋分立に伴う領域の分散化により、一旦その機能の停滞・後退を余儀なくされたと考えられるのである。戦国中期、とりわけ恵王期に領域の再編成が進められる過程に平行して、あらためて「県」に付随する諸制度の――それこそ「中央集権的」な――整備発展が再開すると考えるべきだろう。つまり、恵王以後ようやく再建されてゆく一円的領域を背景としてはじめて、「中央集権的」なるものとしての郡県制はその役割を果たしてゆくと考えられるのである。

「県」に対する中央からの命令系統や法制度その他、本章で詳しく論及しえなかった「県」にまつわる問題はなお残されている。ただ、これまで商鞅以後の戦国期「県」制は、中央集権の方向性を強く持つものと一般に認識されてきたが(56)、本章での検討を踏まえれば、それは戦国魏の、それも恵王以後ようやく整備に向

から「県」制を継承・発展させたものと捉えねばならないのである。

このことは、一方で先秦時代領域支配の展開における戦国前期・中期間の画期の存在をも示唆していよう。魏でいえばそれは恵王期であり、そしてそこで醸成された「県」制が商鞅県制に影響することとなるのである。今後はこうした過程を背景として踏まえつつ、戦国的「県」の内実をより精緻にとらえていく作業が必要となるだろう。

小結

最後にここまでの考察過程を簡単に振り返り、残された問題について付言しておきたい。本章はまず、「県鄙」の意味での「県」と領域編成の単位としての「県」との区別から出発し、秦では商鞅期以前には前者が、以後には後者が現れること、それが商鞅による「県」制の採用を直接に反映したものであることを指摘した。

商鞅以前の秦や春秋楚の記事にみえる「県某」という処置は、当地の「県」化や「県」制の敷設と解釈するには問題がある。「県某」は、その対象地をいかに支配したかということとはひとまず無関係であり、春秋晋に萌芽的にみられたような、「某県」を一定の役割において均質化するといった意図は読み取ることはできない。そうした認識を、とりわけ商鞅県制以前の「県」の意味を考えるうえでは念頭に置いておかねばならない。

一方、西周以来の「県」制は、晋そして三晋を経て前四世紀半ばの秦へと継承されていったものであることを論証した。戦国期における「郡県制」への展開を追うには、三晋における領域支配の様相を解明することがまず課題となる。そこで特に魏を対象としてその領域支配の沿革を跡づけ、恵王における画期性を認めるとともに、そこで醸成された「県」制の内実こそが商鞅県制の前提となったことを論じた。

以上の流れから明らかなように、本章はあくまで先秦時代の領域支配に関する一つの道筋をたどる試みでしかない。先秦時代の領域支配が秦漢郡県制へと向かって単線的に進むものであったはずはなく、第二節末尾に指摘したように、「県」の系譜上には位置付けられない、諸国独自の領域支配のあり方も存在したはずである。そこには各国の事情に即した制度が存在したに違いないが、統一秦以後における郡県制の一般的施行によって、それ以前すなわち六国における多様性を我々は見失いがちである。戦国時代における領域支配のあり方に地域差があったことは、外見的・表面的な問題としては、早くから意識されてはいた(57)。それがどれほど質的差異を反映したものか、なお明らかにされてはいないが、近年飛躍的に増加している出土資料によってその具体的な検証も可能となりつつある。次章においてはその個別研究として楚を取り上げたい。

〔注〕

(1) 増淵龍夫一九九六第三編第一章。その論点と以後の研究の展開については本書第一章および松井嘉徳二〇〇二第Ⅳ部第一章を参照。

(2) そのうち池田雄一二〇〇二地方行政編第二章と後述の周振鶴一九九七は、春秋県と秦漢県の連続性を明確に指摘する点、例外的である。本章はこれらの知見をも参考にしつつ、「県」の史料上の表現に着目して論ずるものである。

(3) ただし鄒水傑二〇〇七の主眼は、漢代の「低秩」の県は商鞅以来の県の禄秩制度を打破するものであった、と漢代における「商鞅県制」からの脱却を見出す点にある。

(4) 楊寛一九五五にも同様の認識が見られる。

(5) 吉本道雅二〇〇〇参照。

（6）また、六国年表秦孝公十二年、商君列伝にも同様の記事がある。以下、『史記』からの引用は編名のみ記す。

（7）楊寛二〇〇三第五章。

（8）中国社会科学院考古研究所一九八四での番号は鐘二七三、鎛二八五。なお「釐都」の次の二字は特定の地名に違いないが、字釈については存疑としておく。

（9）叔夷鐘鎛の「県」が郡県制下のそれではなく、「県鄙」と解釈すべきことは、つとに童書業・顧頡剛らも認識していた。その見解は童書業が顧頡剛に宛てた書簡にみえる。童書業二〇〇四（三二八頁）参照。また、県と鄙との関連については李家浩二〇〇二（二九〜三二頁）により詳しい議論が展開されている。

（10）松井嘉徳二〇〇二第Ⅳ部第一章参照。

（11）吉本道雅二〇〇五第二部上篇第三章参照。

（12）周振鶴一九九七には残念ながら増淵氏以後の日本における研究が参照されておらず、従って本書第一章で批判した研究史上の問題点に応えるものではない。なお、周氏のいくつかの指摘――春秋期において県・邑は通称されるものであり、県との表記があるか否かに明確な区別がないということ、春秋楚の動詞としての「県」は自己の領土としたことを示すにすぎないということ等は、第一章において同様のことを指摘したが、第一章は本邦での研究史を踏まえてのものであるため、周氏とは多少異なる視角からの論証となっている。

（13）その意味で「県とす」「県にす」といった訓は過剰な評価を伴っている。本文に掲げた事例の場合、動詞「県」は『説文』の訓詁を踏まえて「県《か》（繫）く」の意味にとどめておくべきであろう。そこには「「県」なる単位への編成」という意味は含まれない。

（14）増淵龍夫一九九六（四六六頁）。

（15）周書燦二〇〇三は、周振鶴一九九七の意見を踏襲して「県鄙」の存在に注意するが、例えば直轄・采邑の二元論に拘るなど、増淵龍夫一九九六が退けたはずの議論になお囚われている。

（16）佐藤武敏一九七一は商鞅以前の「県」について地名考証も含めて論じており、参考になる。しかしそこにみえる「県制をしく」といった表現に端的に表れているように、商鞅以前の「県某」までも「県」制の敷設とみなしており、この点で筆者とは認識を異にする。また、李暁傑二〇〇七は文献のみならず近年の出土資料をも用いつつ、「秦県」の地望・沿革を網羅的に検討しているが、むしろ主眼は秦支配下の「地名」全般を検討することにあるといえ、「県」の性格、「県」字義をどう捉えるかといった、「県」そのものへの関心は薄い。

(17) 馬非百一九八二（五九二頁）参照。

(18) 銭穆二〇〇一a参照。

(19) 楚世家「楚懐王大いに怒り、乃ち國兵を悉くして復た秦を襲い、藍田に戦う」とあり、藍田が秦楚の交通路上にあることが示される。

(20) 方詩銘・王修齢二〇〇五参照。以下、『竹書紀年』のテキストは本書に依る。

(21) 『戦国策』秦策五「子楚立ち、不韋を以て相と為し、號して文信侯と曰い、藍田十二縣を食ましむ。」

(22) 「県」以前の領有の有無に関して、杜に関しては特に注意が必要である。武公期の「縣杜」以前より秦がここを有していたとする説が存在するためである。しかしこの見解に筆者は賛成しない。以下、やや煩瑣になるがそのことを論じておく。杜の位置について、『左伝』襄二十四杜注に「杜は今の京兆杜縣」とあり、『春秋大事表』春秋列国爵姓及存滅表巻五は杜陵県東南十五里とする。佐藤武敏一九七一が引用するように、陳槃『春秋大事表列国爵姓及存滅表譔異』巻五は、秦本紀「寧公二年…兵を遣して蕩社を伐ち、三年…遂に蕩社を滅す」の「蕩社」がこの「杜」であるとする孫詒讓の考証に依拠したうえ、杜は秦寧（＝憲）公に滅ぼされていたとし、武公期の「初縣杜」はここで直轄化したことを示すと考えている。すなわち、寧公による滅杜（前七一三）→武公による直轄地化（前六八七）という二段階の過程を想定するものである。しかし、この想定には、この「県」なる措置が直轄地化を意味するという前提が必要となり、本論に述べたようにそれは想定しがたい。「初縣杜」の「初」からしく、武公十一年時点で秦は「初めて」杜を支配下においたと考えるのが自然ではないか。もしくは武公十一年以前に支配権を失い、ここであらためて獲得したとも考えられる。いずれにせよ、「初縣杜」直前において杜は秦の支配下にはなかったであろう。したがって「縣杜」が既有の地に『県』制を適用すること（すなわち佐藤武敏一九七一のいう「直轄地」化）であると考える必要はない。

(23) 櫟陽遷都を疑問視する論者もあるが、「徙治櫟陽」との表現には「徙治大梁」（魏世家）といった類例もあり、遷都を示すとみてよい。いずれにせよ、「縣櫟陽」以前から秦の領域内にあることが明確な点、他の事例と大きく異なる。

(24) 「縣櫟陽」について、林剣鳴一九八一第八章は首都に「県」を設置したものとして画期性を認めている。ただ本論に述べたように「県」の「設置」と捉える点は支持できない。また、林春溥『戦国紀年』は「按ずるに縣は都字の誤りなるを疑う」とし、「縣櫟陽」そのものの存在を否定しているが、誤字を想定して立論する危険性に鑑み、ここでは従わない。

(25) 楊寛二〇〇三第六章など。

(26) なお商鞅以後においても、秦本紀、恵文君十一年に、「縣義渠」として「県某」は存在する。しかし本論の知見に従えば、これも「「義渠県」とした」と読むことはできない。なお、義渠は漢代には県と同格の「義渠道」であるが（『漢書』地理志）、それまでに「義渠県」と呼ばれた形跡は見出せない。

(27) 趙世家、考成王十一年（前二五五）「城元氏、縣上原」により、例外的にではあるが戦国末期まで「県某」を用いたことが確認される。上原については『史記』諸注は地名比定を加えていないが、銭穆二〇〇一a（八〇〇頁）は「今元氏県西」とする。なお、こうしたより「古風」な語彙が残ることは、趙世家の特殊性を示す一例と考えられ、このことは『史記』の資料的性質の問題として今後検討する必要があろう。

(28) 『左伝』昭五「其の十家九縣、長轂九百、其の餘四十縣、遺守四千に因り、其の武怒を奮い、以て其の大恥に報いん」に基づく。鎌田重雄一九五三および本書第一章参照。

(29) 増淵龍夫一九九六（四七〇頁）。

(30) 『晉書』刑法志。

(31) 秦献公は晋（魏）に亡命し、のちに迎えられて公位に即くといった経歴を持つ。『呂氏春秋』當賞「公子連（献公）亡れて魏に在り」、秦本紀「出子二年、庶長改 靈公の子獻公を河西に迎えて之を立つ」。また「亡命」かどうか定かではないが、懐公・簡公も同様に晋（魏）から帰国して公位に即いた。秦始皇本紀所載の秦年代記に「懐公 晉從り來たる」「簡公 晉從り來たる」とある。これら公子の移動はのちに国政に携わるであろうそのブレーンらをも含めた集団的な移動であったに相違ない。

(32) 秦には商鞅によって「県」制が導入された一方で、楚における採用はより遅れるかと思われるが、その時期は判然としない。ただしこのことは楚制の後進性を意味するわけではない。本書第三章で論じるように、包山楚簡には戦国楚の地方行政系統がみえており、それは表面上、郡―県といった構造をもたない。これがどの程度楚独自の制度を反映しているかを検討することは今後の課題としたい。

(33) 江村治樹二〇〇〇第二部第一章、下田誠二〇〇八a第五章。

(34) 魏の領域についての整理、また総合的な検討としては鍾鳳年一九三七、宋傑二〇〇二、李暁傑二〇〇三がある。ただしそれらは、各邑の地望やその所属の沿革といった歴史地理的観点からは周到な整理を施す一方、当時の政治史に即した地政学的観点からの考察にはあまり踏み込んでいない。

(35)　周知の通り『史記』戦国部分には紀年の問題があるが、魏に関しては『竹書紀年』との照合が有効であり、楊寛二〇〇三の校訂による魏紀年は、『史記』の記事ともほぼ整合を見ており、吉本道雅一九九八もこれを支持する。本論でも当面これに従うこととする。また、春秋～戦国間の政治過程については吉本道雅二〇〇五第三部第一章を参照。

(36)　李暁傑二〇〇三など。

(37)　『左伝』哀四、正義「陰地なる者、河南山北、東西横長にして其の間は一邑に非ざるなり。」

(38)　『後漢書』西羌伝第七十七「是の時、義渠・大荔最も強く、城を築くこと数十、皆自ら王を称す。」

(39)　六国年表、魏文侯八年「復た少梁に城く」など。

(40)　孫子呉起列伝「文侯 呉起の善く兵を用い、廉平にして盡く能く士心を得たるを以て、乃ち以て西河の守と為し、以て秦・韓を拒ぐ」、『呂氏春秋』慎小「呉起 西河を治め、其の信を民に諭せんと欲し……」、『韓非子』内儲説上「呉起 魏武侯の西河の守と為る、秦に小亭の境に臨むもの有り、呉起 之を攻めんと欲す」、同「李悝 魏文侯の上地の守と為り、而して人の射を善くするを欲するや……」など。

(41)　「鄴令」とみえるものは、『戦国策』魏策一、『韓非子』外儲説左下、同内儲説上。

(42)　『管子』小匡「(斉桓公) 五庳・中牟・鄴・蓋與・牡丘を築き、以て諸夏の地を衛る」。なお『管子』が基づいたであろう『国語』斉語では「五鹿・中牟　蓋與・牡丘を築き……」と、鄴を欠く。

(43)　対立の事例ではないが、前二五七年に秦が邯鄲を攻撃した際、その救援に派遣された晋鄙は鄴に駐留して「今吾れ十萬の衆を擁し、境上に屯す」と言っている（魏公子列伝）。鄴は趙との「境」に位置したのである。また、『水経注』巻十濁漳水所引『竹書紀年』に、「梁惠成王元年、鄴師 邯鄲師を平陽に敗る（鄴師敗邯鄲師于平陽）」とある（陳橋駅二〇〇七（一六〇頁）、楊守敬・熊会貞一九八九（九四五頁））。一見、魏から「鄴師」が発せられ趙（邯鄲）と戦ったように見えるが、銭穆二〇〇一b（一七七頁）は「鄴師」をこのとき恵王と対立していた公中緩の勢力であるとして、『竹書紀年』の原文を「（梁恵王が）鄴師・邯鄲師を平陽に敗る（敗鄴師邯鄲師于平陽）」と校訂している。公中緩が鄴に封ぜられたことを示す根拠に欠ける憾みはあるが、確かに自国の師をわざわざ「鄴師」と表現するとは考えがたく、この校訂には従うべきであろう。

(44)　吉本道雅二〇〇五（四六六頁）。

(45)　ただしこの時期の三晋は対立には至っておらず、このような通行の問題はなお潜在的なものにすぎなかった。吉本道雅二〇〇五（四六七頁）によれば、魏・趙の対立が顕在化するのは前三八六年以降であり、この際に鄴―中山という領域東部における通行が遮断されたことが指摘されている。

(46)『韓詩外伝』は許維遹二〇〇五による校訂を参照した。

(47) 楊寛二〇〇一（二四六頁）。

(48) 李暁傑二〇〇三は魏の東西ルートに関する従来の諸説を挙げつつ、結局のところそれがどこに存したか明断は下しがたい、と慎重に結論づける。一方で同氏は上党方面における交通の存在を強く否定するが、本論に掲げた魏世家に拠れば、明らかに当時、魏は上党の少なくとも一部分を確保していた。

(49) 趙世家「（趙成侯）五年、齊を鄄に伐つ。魏 我を懐に敗る。鄭を攻め之を敗る。以て韓に與え、韓は我に長子を與う」。ただし懐での会戦以後の記事は、魏世家に「（恵王）二年、魏 韓を馬陵に敗り、趙を懐に敗る」とあるように魏恵王即位後の事件らしい。

(50) 趙世家「敬侯元年、……趙始めて邯鄲に都す。」

(51)『竹書紀年』「梁恵成王八年、惠成王 邯鄲を伐ち、列人を取る」、同「梁恵成王八年、邯鄲を伐ち、肥を取る。」

(52)『竹書紀年』「梁恵成王九年、邯鄲に楡次・陽邑を與う。」

(53) 魏の大梁遷都の年次に関しては諸説あるが、ここでは楊寛二〇〇一、吉本道雅二〇〇五に従う。

(54) なお大梁遷都に関連して、『水経注』巻二十二渠水「魏の大梁に徙りてより、趙 中牟を以て魏に易う」と、中牟が魏にわたったことが伝えられている。『水経注』以前の史料には見出せない記事ではあるが、中牟が魏に与えられたのならば、趙が南方の遠隔地支配を放棄したものとも評価できる。

(55) 従って、戦国時代の諸国が一円的な領域をもつ「領土国家」へと直線的に成長したとする意見にも多少の修正が必要となるだろう。一貫して領土国家形成への歩みを進めたわけではなく、そこには当然進展も後退もあり、単純な発展経路をたどったのではない。

(56) 池田雄一二〇〇二地方行政編第二章、楊寛二〇〇三第五章、第六章等。

(57) 例えば斉に郡が存在していないことなど。厳耕望一九九〇「前論」、楊寛二〇〇三第六章参照。

第三章　包山楚簡の邑と邑大夫——戦国楚の行政単位と「郡県」

序　言

「郡県制」形成過程の解明が、これまでの先秦史研究において最も重要な研究課題のひとつであったことは周知の通りである。とりわけ西周期に淵源を持つとされる「県」については、それがいかにして中央集権的支配を実現する制度へと変化してゆくのか、専ら先秦と秦漢との差異を追究することに研究者の関心が注がれてきた。

前章においては、この「県」の継承関係について、西周—春秋晋—三晋—秦—漢という系譜を想定した。領域編成の単位としての「県」は、ここに示した諸国によって採用されたのであり、「郡県制形成史」の観点からすれば、これこそが正統に位置する流れということになるだろう。しかしながら、この系譜が示すのはあくまで当時の領域支配の一端に過ぎない。この系譜上には位置付けられない、すなわち秦漢の「郡県制」に必ずしも直結しない領域支配のあり方を検討することが必要となる。

一方、先秦時代の「郡」に対しては、県に比して驚くほど学界の関心は薄かった。郡が地方統治機構としてその姿を現し始めるのは戦国期以降と言ってよいが、これまで漠然と郡とは戦国諸国に共通、普遍的な制度として捉えられてきた。ところが近年の出土資料を用いた研究によって、郡の実態がより明らかになってきた。詳しくは本書第四章において論じるが、その結論を先取りして述べれば、郡の出現は秦が前四世紀の半ばに大規模な領域拡大を果たしたという「特殊」な経験に由来しており、同様の経験に乏しいその他の諸国においては郡なる広域支配の制度を用いる契機がそもそも欠けていたのであった。すなわち、郡制の開始は前四世紀半ばの秦にすぐれて特殊な経験に由来しており、これを戦国期当時に普遍的であったとみなすのは適切ではない。このように、郡に関しても戦国秦の状況を普遍化できないとすれば、ここでもやはり「郡県制」に帰結する流れとは異なった領域支配の展開に注目することが要請されてくる。

先秦時代においては、各国、各地域の現実に即したそれぞれの領域支配のあり方が多様性、地域差を孕みつつ存在していたことが想定されるが、統一秦そして漢に至り「郡県制」が地方統治制度の基本となったことによって、我々はそうした多様性を見失いがちである。秦漢の「郡県制」を中央集権の完成形とみなし、そこに向かう単線的な過程を想定する「郡県制形成史」の観点からする先秦史像には、自ずと焦点の偏りが生じることは免れない。こうした問題意識に鑑みれば、当面課題となるのは、この偏りを剔出し、また可能な限りそれを修正していくということとなる。

そのためには秦以外の諸国の地方統治制度への目配りが不可欠だが、近年飛躍的に増加しつつある戦国期の出土資料は好個の材料を提供してくれている。そこで本章で取り上げるのは、前四世紀後半の楚の司法・行政関係文書を含む『包山楚簡』である。そのうち「文書」類とされている竹簡群には、伝世文献に未見の地方行政単位が散見し、しかもそれらは郡―県といった構造を有さない点、資料価値は極めて高い。しかし、既に提出されているいくつかの専論においてはなお「郡県制」に強く引きつけられた議論が目立ち、それによって戦国楚特有の地方支配制度の正確な姿を復原することが困難になっているように思われる。

そこで本章ではまず包山楚簡中の地方支配制度に関する先行研究を追い、その問題点を整理したのち、「郡県制形成史」にとらわれない視点が必要であることをあらためて指摘する。続いてその実践として、研究者によっては「県」と同義ともみなされる「宫」そして「宫大夫」の具体的検討を行い、それが「県」のごとき行政単位とはみなしがたいことを論証する。ただし、「宮」とは何かという問題についてはなお資料が十全ではなく、本章においても断案を下すには至っていないことを予め断っておく。しかし諸説紛々たる「宮」と「宮大夫」の問題に一石を投じることによって、「郡県制形成史」に収縮されない視座を提示することを目指したい。

なお包山楚簡の簡番号は湖北省荊沙鉄路考古隊一九九一aに従い、その番号を［　］で示す。正面・背面はそれぞれA・Bで示す。

第一節　包山楚簡と戦国楚の地方行政単位

包山楚簡は一九八七年に湖北省荊門市包山二号楚墓より出土し、一九九一年出版『包山楚簡』において釈文・図版が全面的に公開された（湖北省荊沙鉄路考古隊一九九一a）。包山楚簡には七種の大事紀年と豊富な干支記事が含まれており、それは楚暦の格好の検討材料となるとともに、墓葬の年代を確定するものでもあった。すなわち、その紀年のうち「大司馬昭陽敗晉師於襄陵之歳」に関して、該当する戦役が『史記』楚世家に前三二三年の記事として確認され(1)、暦日との照合からこの紀年は前三二二年を示すことが検証された。これを起点として、その他の大事紀年の先後と該当年が明らかになった。うち最も遅い紀年である「大司馬悼滑救郙之歳(2)」が前三一六年に当たり、この紀年を持つ簡［267］に「左尹葬」と墓主である左尹昭㐌の被葬が見えることから、この包山二号墓の年代が確定した(3)。従って、包山楚簡は前三二二～前三一六年前後という確実な年代範囲において扱うことが可能な資料であると言える(4)。

さらにその資料価値を一層高からしめるのが、この前四世紀末という時期としてはほとんど類例を見ない、行政・司法関係の文書を含んでいるということである。湖北省荊沙鉄路考古隊一九九一aにおいて「文書」

類として分類されている一群の竹簡がそれであるが、郭店楚簡・上海博物館蔵戦国楚簡といった比較的大部の戦国楚簡が獲得され、楚文字研究の水準が飛躍的に高まった今日においても、その内容は主に典籍・卜筮祭祷記録・日書・遣策に限られており、包山楚簡のような「文書」の類は稀覯に属する。

特に本書の関心において注目されるのは、それら「文書」類に散見する戦国楚の地方行政単位である。従来の文献には見られなかった、もしくは希少であった地方行政単位の性格を解明するための格好の材料として包山楚簡は注目され、そこに見られる州の性質について一早く専論を提出した羅運環一九九一や、里や州を楚の地方行政における基層単位として取り上げた顧久幸一九九三など、包山楚簡全体の公表直後より多数の論考が発表された(5)。

中でも総合的な研究として重要なものが陳偉一九九六(第三章)である(6)。氏は「地域政治系統」として、邑・敔・或・里・州・県・郡・封邑を抽出し、各々の性格を検討している。氏は邑・里を地方行政の最小の基層単位とみなし、それぞれの性格について、邑が専ら辺鄙の地域で田(耕地)と関係して現れるのに対し、里は国都やその郊区に現れているという文献史料による考察を手がかりに、包山楚簡において邑は郷野の地方組織、里は城邑中の地方組織を表していると指摘した。

邑・里といった、秦漢以降一般的になり、また先秦文献にもしばしば言及されるものであれば、その性格を探るための資料は比較的豊富である。そして包山楚簡の出土により戦国期についても効果的な実証研究が可能となったことが右記の研究によって示された。その一方で、より上位の県・郡については包山楚簡中に直接その存在を示す記述はない。また宮・敔・或は文献史料に現れず、その性質は包山楚簡およびその他断片的な出土資料の中に求めてゆくしかないのだが、伝世文献と直接には比較照合できないことから、その分析には困難が伴い、先学の間でも大きく意見が分かれるところである。

これについて、戦国楚にも秦漢代のような「郡―県」構造を想定し、その中に包山楚簡所見の地方行政単位を嵌め込もうと試みるか、そもそも郡県制とは異なる構造を想定するかは、方針として重要な分岐点となる。従来の包山楚簡研究を見れば、秦漢の郡県制を規準とし、その枠組みを当て嵌めるないしは同種の要素を見出そうとする、前者の姿勢が顕著である。

例えば包山楚簡の地名を網羅的に考証した顔世鉉一九九七は、地名を封君・県・邑・州・里などに分類する中で、「県」と判定する基準をいくつか明示しているが、その基準の一つに、春秋期の「楚県」との名称の一致ということが挙げられている。(7) それは、『左伝』等の文献で「楚県」と見なされる地名が包山楚簡にも登場すれば、それも「楚県」とみなす、といった手続きで包山楚簡中の地名を「県」と判定するものである。すなわち春秋「楚県」の存在を前提に、それが包山楚簡の時代に継承されていると想定している。

しかしながら、このように春秋「楚県」を自明な存在として前提することには問題がある。本邦においてはむしろ春秋県と秦漢の県との相違を求めていく方向で研究が進められてきたことは第一章において述べた通りである。またそこで指摘したように、春秋楚県を検討するうえで基本資料となる『左伝』において、「地名＋県」の用例が楚に関しては見られず、このことは晋において「地名＋県」が頻出することとは対照的である。楚県の資料として見られるのは動詞の「県某」という措置だが、これは「県」化や「県」制の敷設とは考えがたく、少なくとも春秋期においては「楚県」という存在自体が疑問視されるのであった。

「楚県」という概念にはなお不明瞭な部分が多く、これまで「楚県」とされてきたものの地方統治における役割については、既存の研究蓄積にもかかわらずその軍事力が際だっていること以外について具体的なこと、例えば平時の地方行政における役割や権限については、あまりよくわかっていない。無論、後代の郡県制下の県と同様の、中央の直轄地として君主により派遣される県令・長が統治を行うなどの制度的な均質性が保証されているかは全く定かではない。そうした理由から、少なくとも春秋期に関して「楚県」なる名称で楚の地名を一括りにしてしまうこと、それに立脚して議論を進めることには躊躇を覚えざるをえない(8)。

このように、包山楚簡に「郡―県」構造を想定する従来の研究では、前提となる「楚県」の姿が極めて曖昧であるという点が重大な弱点となっている。包山楚簡において「県」が一切出現しない(9)ことに対して、曖昧な「楚県」概念を援用して包山楚簡の検討を行うという手法を取るならば、確実な議論は期待できないだろう。

包山楚簡においては確かに、いくつかの特定の地名が行政上同一レヴェルに属していることは明白である。そのこと自体は認められるにしても、それを単純に「県」と括り、文献に基づいた成果と直結させることには危険が伴う。確かにそれは先秦時代を「郡県制形成史」の視座からのみ捉えるならば有益かもしれないが、「郡県制」から類推していく手法は、いわば結果論的でしかない。現時点では、そのような方法論が伴う予断を排除するためにも、「郡県制」云々の問題からは離れ、何より包山楚簡そのものに即した考察に基づいてその性格を捉える試みが必要である。

第二節　「宮＝県」説

さて包山楚簡の出現によって、伝世文献に未見の資料が新たに獲得されたことは前述の通りであるが、そのなかでも比較的研究が集中しているのが「宮」である。しかしながら前述のような「郡県制形成史」の観点が影響し、その性格が充分に把握されるには至っていない。ここではまず宮をめぐる先行研究を概観しておこう。

陳偉一九九六（九八～一〇〇頁）は、先秦・秦漢時代、邑が県を指す場合もあったことから、宮＝県であるという説を提示した。「宮大夫」とは戦国期の楚県の長官の称謂の一つであるとし、「宀」を付けたのは卜級の「邑」と区別するためという[10]。朴俸柱二〇〇五は、宮は邑と通用しないとしながらも、「葉宮大夫」〔130A〕の「葉」が『左伝』等に見える「楚県」であるとして、宮は「県」級の上級組織の別称であるとみなした。さらに、宮は諸々の「里」を所属させ、その長官が「宮大夫」であるとし、これを地方長官の一つに数えている。ただ宮と「県」とではその来源・内部構造・地方統治における作用が異なるとして、完全に同質とは見なしていないが、その詳細な相違については資料不十分として踏み込まない。また最近の論考として詹今慧二〇〇八[11]は先行諸説を紹介したうえ、県・宮の地位を弁別することはできないとする一方、宮はみな「県」の地名と同時に出現するといい、宮の属する職官はみな「県」に置かれた官であるとみなす。そのため宮は「県」の異称であった可能性もあると指摘している。

一方、主に文字学的な方面から「宮＝県」説を補強するものとして趙平安二〇〇三がある。氏は「宮」とされてきた文字を「宛」と釈し、これが音韻的に「県」に通じるとみなした。しかし李天虹二〇〇五が、その解釈では包山楚簡の「襄陵之行僕宮于鄢」〔155〕が解釈できないと疑義を呈し、自身は秦簡などとの照合から「舍」（館舍・とどまるの意）に解する説を支持する。これは九店楚簡や睡虎地秦簡「日書」甲種に見える「[土邑]」を「序」＝「舍」と解釈する李家浩氏（湖北省文物考古研究所・北京大学中文系編二〇〇〇、一一四～五頁）および施謝捷一九九八の説などを受けたもので、当該字を「邑」ではなく「予」に従うとみなしたうえでの見解である。なお「序」とする字釈に対して、先に挙げた詹今慧二〇〇八が包山楚簡の用例に則した批判を提示しており、それによれば「邑」と「予」は包山楚簡では混用されていないという。ここではこれに従い、包山楚簡の「宮」の字釈は問題にはしない[12]。

他にも羅運環二〇〇五は、宮は「州」以上の食邑あるいは中等の邑であり、楚県の長官の称謂は尹か公であるという点から、宮は「楚県」とみなせないと指摘している。

以上に挙げた宮に関する研究では、これを「県」と同義に解する説を軸に、その是非をめぐり議論が展開されてきた。いずれにせよ宮を「県」と同系統にある地方行政単位の一として捉える意見が大勢を占めている。

他方、これらと一線を画するものとして注目されるのが、黄盛璋一九九四、劉信芳一九九七の見解である。両者とも「宮大夫」を説明したもので、それは特定の官職を指すのではなく、複数の官名をまとめていう「汎称」であるとする。黄盛璋一九九四は詳論を欠くものの、宮大夫を数例挙げたうえ、それが「通称」であり「専名」ではないと述べる。劉信芳一九九七は、「羕陵宮大夫」〔12〕が、同簡の「羕陵大宮痎・大馹尹師・鄉公丁・士師墨……」を包含していると考え、前者は後者を「汎称」したものとする説を提示した。両論考の議論は全く別個になされているようだが、結論はほぼ同様である。なおこれらはいずれも「宮大夫」の説明であるが、宮そのものに関しては、劉氏は「宮大夫」以外の宮を冠する官名について、「宮司馬」は宮大夫に属するとしつつ、「鄟之兵甲執事人宮司馬」〔81〕や「臨昜之宮司馬」〔53〕の事例から、鄟・臨昜が「県」とすれば宮はそれ以下の行政単位であろうと推測する。つまり宮を県に下属する行政単位と見なしている。また「大宮」「少宮」については、史書に未見だが周礼に擬えるとすれば「郷大夫」の類であろう、とする。結局のところ劉氏は、宮そのものは県以下の行政単位とみなしていると言える。(13)

しかしながら「宮大夫」が複数の官名の汎称であるとする両氏の指摘は傾聴すべきである。ただ両者いずれも考察や根拠の提示がごくわずかに止まっているため、次節において宮の資料に即して検証を加えていくこととしたい。

第三節　宮と宮大夫

一　宮大夫

表一に包山楚簡「文書」類において「宮」の登場する記事全てを掲げた[14]。なお便宜上、隷定は必ずしも厳密ではなく、通行の字体に改めたところもある。墨釘等の符合は省略し、重文符号は文字に起こした。それぞれの語義・竹簡の内容についてては読解困難な部分も多いが、内容の理解にあたっては湖北省荊沙鉄路考古隊一九九一ａ、劉信芳二〇〇三、陳偉等二〇〇九を参照した。

表一は簡番号の順に並べているが、行論の必要上「宮大夫」が見えるものから検討していきたい。まずは①である。左尹が「宮大夫」に命じ、某瘇なる人物の「典」が「羕陵の参鉩」にあるかどうかを「詳」＝調査[15]させることとなり、これを実行したのが「羕陵大宮痎・大駐尹師・鄰公丁・士師墨・士師鄢慶吉」という官員のグループである。それぞれ具体的な職掌は不明だが、大宮痎以下、みな羕陵という地に属する地方官員に違いない。このグループによる調査の結果、某瘇の「典」の存在が確認された。末尾に「大宮痎内（入）氏（是）等（＝文書）」とあるのは以上のことを報告したこの文書が大宮痎によって提出されたことを示す[16]。この部分は文書を送信した人物を示す署名のような役割を持ったのであろう。

これと形式を同じくし、かつ内容的により充実するのが⑧であり、これもまた羕陵に関わる。左尹以下、鄴公賜・正婁怴・正令翠・王私司敗逿・少里喬與尹羿・郯逸尹庴・發尹利より「命」が下されたが[17]、その内容は「羕陵宮大夫司敗」に羕陵の「州里人」である陽鏑なる人物がその父陽年と「同室」であるか否かを調査させ、その結果を期日までに「戠獄之宔（主）」をして「至（致）命」（＝復命[18]）せしめよ、というもので

[表一]　包山楚簡にみえる「宮」

	簡番号	釈文
①	[12-13]	東周之客許緹至胙於葴郢之歲、夏层之月甲戌之日、子左尹命兼陵宮大夫誶郜室人某瘽之典之在兼陵之参鉨。兼陵大宮痎・大駐尹師・郷公丁・士師墨・士［12］師鄒慶吉啓兼陵之参鉨而在之、某瘽在兼陵之参鉨、間御之典匱。 大宮痎内氏等。［13］
②	[26]	八月壬申之日、鄟易大正登生𩦌受期、八月癸巳之日、不運鄟易宮大夫以廷、阩門又敗。 正羅壽戠之。［26］
③	[47]	九月甲辰之日、顥司敗李聽受期、十月辛巳之日、不運顥宮大夫𢢔公遊具・繁易公穆痀與周惃之分誶以廷、阩門又敗。［47］
④	[53]	九月辛亥之日、臨易之宮司馬李𠩵受期、戊午之日、不量廡下之貣、阩門又敗。秀免。［53］
⑤	[62]	九月壬戌之日、鄘郢司悳郝鄬受期、十月辛巳之日、不運安陸之下隓里人屈犬・少宮陽申以廷、阩門又敗。 疋朡。［62］
⑥	[67]	十月戊寅之日、郘邮大宮屈尨、大倖尹夏句浩受期、貟月辛未之日、不軋丝虘歸其田以至命、阩門又敗。 圀紻。［67］
⑦	[81]	冬柰之月癸丑之日、周賜訟鄢之兵甲執事人宮司馬競丁、以其政其田。 期甲戌之日。 郯逧公畫戠之、沰□為李。［81］
⑧	[126-128AB]	左尹與鄴公賜・正婁怯・正令翆・王私司敗逿・少里喬與尹翆・郯逧尹庤・發尹利之命謂、兼陵宮大夫司敗誶兼陵之州里人陽鍴之不與其父陽年同室。夏层之月己酉之日、思一戠獄之宔以至命、不至命、阩門又敗。［128A］ 夏层之月癸卯之日、戠言市以至、既涉於喬與・喬差、僕受之。 其誶、戠言市、既以迈郢。［128B］ 東周之客許緹至胙於葴郢之歲、夏层之月癸卯之日、子左尹命兼陵之宮大夫誶州里人陽鍴之與其父陽年同室與不同室。大宮痎・大駐尹師言謂、陽鍴不與其父［126］陽年同室。鍴居郢、與其季父□連囂陽必同室。 大宮痎内氏等。［127］ ※簡の順序は陳偉一九九六（三一頁）により改めた。
⑨	[129-130AB]	東周客許緹歸胙於葴郢之歲、夏层之月、恆思少司馬登癘言謂、甘固之歲、左司馬迪以王命命恆思賒葉□王之貟一青犧之賫、足金六匀。［129］□歲也、恆思少司馬屈□以足金六匀聖命於葉、葉宮大夫左司馬越虩弗受。盛公𨟻之歲、恆思少司馬□勝或以足金六匀賒葉、葉宮大夫集陽公蔡逘□受。［130A］ 須左司馬之弃行將以餌之。［130B］
⑩	[155AB]	□南陵公郘□、襄陵之行、僕宮於鄢。郢足命葬王士。若葬王士之宅、僕命恒受足、若足命。鄢少司城龔頡爲喪、受足於僕。方鄢左司馬競慶爲大司城喪客、且政五連之邑於葬王士、不以告僕。［155A］　／　既言之、�之左尹。［155B］
⑪	[157AB]	鄢宮大夫命少宰尹郷詃誶餌大梁之戠𦵏之客苛坦、苛坦言謂鄢攻尹屈愓命解舟贇・舟㦰・司舟・舟斨・車𨋍・夅斨・牢中之斨・古斨・坨竽駐倌・竽倌之𦵏、貣解。［157A］貟月己亥之日、鄢少宰尹郷詃以此等至命。［157B］
⑫	[188]	（所訌於正令翆、詔层乙亥、登蔡・競駝。……［187］）乙酉、邔宮大夫黃𨍭、邔易人陳𨻳、己丑……。［188］

あった。〔128A〕末尾の「阩門又敗」は、「不××、阩門又敗（××という命令を執行しなければ、懲罰を下す）」[19]との形式で包山楚簡「受期」類に頻出する文言であり、過失を犯さぬよう戒めておくため命令文書の末尾に置かれる定型句である。このことから、〔128A〕は当時の命令文書の原貌を保っているとみなしてよい[20]。これに対する報告文書が〔126-127〕であり、その冒頭の「東周之客許経至胙於葳郢之歳、夏𡰥之月癸卯之日、子左尹命羕陵之宮大夫……」は、既発の命令を羕陵宮大夫側がもう一度繰り返し述べたものであり、「子左尹」[21]と敬称を用いることからも、それが宮大夫側から提出された報告文書であることがわかる。実際の報告内容は「大宮痎・大馹尹師言謂」以下である。調査の結果、陽鏞は父とではなく、季父□連囂陽必と郢にて「同室」であったことが報告された。

以上を踏まえて⑧と①とを比較すれば、①は宮大夫側の報告文書が残っているのみであり、それ以前に左尹側から下されたであろう命令文は欠けていることがわかる。つまり①において、左尹からの命令文書は、宮大夫側の報告文書中に間接的に引用されているにすぎない。①と⑧における文書の往来について、発信者・受信者・内容・署名に腑分けして表示すれば表二の通りになる。

いずれも、宮大夫の名義に対して命令された事項が実際には大宮・大馹尹[22]などによって執行、報告されていることから、宮大夫が具体的に指すものは大宮以下の諸官であったことが確認できる。劉信芳一九九七が宮大夫を「汎称」と見なした理由はここにあった。

続いて、⑨は文書の往来という観点から見れば、「恆思少司馬登癘」の報告文書である。元来の命令内容は、「甘固之歳（前三一九年）、左司馬迪以王命命恆思賖葉□王之臾一青犠之賫、足金六匀」の部分である。左司馬迪が「王命」によって恆思に命じ、葉の地から諸々の物品（詳細不明）[23]を「賖」＝貰買させるという[24]ものであった。「足金六匀」がその対価であろう。続いてその報告として、〔130A〕以下に「□歳」と「盛公𨜏

[表二] ①⑧の文書往来 （　）内は現存しないが存在が想定される文書および担当者名。

	①		⑧	
文書	（命令文書）	報告文書［12-13］	命令文書［128A］	報告文書［126-127］
発信者	左尹	羕陵大宮痎・大駐尹師・鄕公丁・士師墨・士師鄔慶吉	左尹與鄴公賜・正婁怴・正令翠・王私司敗逿・少里喬與尹羿・郯逧尹㡣・發尹利	大宮痎・大駐尹師
受信者	羕陵宮大夫	（左尹）	羕陵宮大夫司敗	（左尹與鄴公賜・正婁怴・正令翠・王私司敗逿・少里喬與尹羿・郯逧尹㡣・發尹利）
内容	諿部室人某瘽之典之在羕陵之参鉩	啓羕陵之参鉩而在之、某瘽在羕陵之参鉩、間御之典匱	諿羕陵之州里人陽鎆之不與其父陽年同室	陽鎆不與其父陽年同室
署名		大宮痎		大宮痎

之歳」（前三一八年）の恆思と葉との交渉がごく簡単に記されている。それによれば、「葉宮大夫」は「□歳」には「足金六匀」を受けとらず、「盛公鵬之歳」にようやく受け取ったという。

ここに特徴的なのは、葉側の担当者について、「葉宮大夫左司馬越虩」・「葉宮大夫集陽公蔡逯□」のように、宮大夫に加えて左司馬や集陽公といった別の官名や「公」が付せられていることである。これと同様の例は③「顗宮大夫𤇍公遯具」にも見える。問題は、これらが（a）別々の人物、すなわち「葉宮大夫と左司馬越虩／集陽公蔡逯□」「顗宮大夫と𤇍公遯具」を表していると見なすべきか、それとも（b）一人が二つの職を兼任している、すなわち「宮大夫であるところの左司馬／集陽公」のように見なすべきかという点である。(25)

結論から言えば、（b）の意味で解釈すべきであろう。①⑧において、宮大夫が実際には大宮・大駐尹・鄕公・士師を指していたように、宮大夫で一括される官職の中には、一見宮とは無関係にも見える雑多なものも含みえた。従って⑨でも同じく左司馬・集陽公がさらに宮大夫を冠していたとしても不自然ではない。「左司馬」については⑩に「鄢左司馬競慶」〔155〕の例が得られるように、地方に所属するものがあり、従って「葉宮大夫左司馬越虢」は、「葉宮大夫」でもあり「葉左司馬」でもあるだろう。

一方の「集陽公」は集陽なる地の「公」であるから、葉とは別の土地の「公」が「葉宮大夫」を兼ねていることになる。これは一見不自然なようだが、類似した表現として「下蔡咎執事人陽城公」〔120〕が挙げられる。下蔡の「咎執事人」[26]が「陽城公」であるという関係は、異なる地の「公」が「執事人」を兼ねている点、（b）「葉宮大夫であるところの左司馬／集陽公」に似る。〔120〕は下蔡・陽城の両地に関わる殺人事件について記すものであり、関係する事件の内容によっては、このように別の土地で「執事」することがあったということが知られる。よって「執事人」は官職の固有名ではなく、文字通り「事を執る人」を示す普通名詞であろう。⑨では、恆思と葉との交渉であるにもかかわらず、集陽公が突然現れて葉宮大夫を兼任しているのはなぜか判然としないが、この案件に限って何らかの関係者となっていたに違いない。③「顛宮大夫𤈰公遊具」も同様であろう。これらの事例はまた、宮大夫が必ずしもある土地に固定的に所属するような存在ではなかったことをも示している。

②③④⑤⑥⑦は全て「受期」類に分類される。いずれも「月日A、某が受期。月日Bまでに、～しなければ、阩門又敗」と定型的だが、内容は極めて断片的であり、いかなる文脈にあるのかはほとんど判明しない。このうち宮大夫は、先に触れた③「顛宮大夫𤈰公遊具」のほかに②「郙昜宮大夫」として見える。いずれも、特定の期日までに彼らの出頭（以廷）を命じる内容だが、簡牘の現物自体はその簡潔な記録かもしくは控えとして左尹官府に保管されていたものであると考えられる。これらの宮大夫にはその個人名は付されておらず、人物を特定できないことに注意しておきたい。他の「受期」簡には宮大夫以外の「宮」を冠する官職名

［表三］　包山楚簡に見える「宮大夫」

①	羕陵宮大夫
②	郙易宮大夫
③	顥宮大夫㜏公遯具
⑧	羕陵宮大夫
⑧	羕陵之宮大夫
⑨	葉宮大夫左司馬越虩
⑨	葉宮大夫集陽公蔡逯□
⑪	鄢宮大夫
⑫	邸宮大夫（・）黄轗

が見えているが、これらについては後述する。

⑪は「鄢宮大夫」がその配下であろう「少宰尹郕訬」に、「大梁之戠舊之客苛坦」を「諱（察）䎽（問）」するよう命じたのに対し、鄢少宰尹がその苛坦なる人物の証言を報告したことが記される。これは報告文書のみであり、そのことは［157B］末尾に「鄢少宰尹郕訬以此等至（致）命」と、文書によって復命した旨の文言が存在することから明らかである。従って冒頭の「鄢宮大夫命少宰尹郕訬……」の部分は元来の命令文書ではなく、先の⑧［126-127］と同様、報告者側が既発の命令を繰り返したものである。報告の具体的内容は、［157A］末尾に「貣解」とあることから、何らかの負債をめぐる問題が解決したことを言うものと推測されるが、詳細は不明である。この簡についても、鄢宮大夫の人名が記されないことに注意しておきたい。

⑫「邸宮大夫黄轗」は、陳偉一九九六が「所𧧻」と分類した文書群のうちのひとつである。それによれば「所𧧻」は上級官員が下級官員に業務を付託した記録であり、担当官および案件に関する人名、日付を列挙した簡潔なリストである。[27] 列挙される人名の中には官職や出身地などの情報を記さない者もよく見られるため、⑫は「邸宮大夫・黄轗」と別個に解するべきかもしれない。

二　「宮」諸官

包山楚簡に見える宮大夫の事例は右に尽きる。あらためて表三に宮大夫の例のみ抽出しておいたが、ここで注意したいのは、宮大夫のみを単独で冠し、かつ個人名を伴うものは非常に限られているということである（⑫を除けば皆無ということになる）。ここで個人名を併記しているか否かに注目したのは、次の事情に関わる。すなわち、包山楚簡においては宮大夫にほとんど個人名が伴わない一方で、その他の「宮」を冠する官には例外なく個人名が併記されるという、興味深い区別が見出されるのである。

①⑧大宮痎、④臨昜之宮司馬妸、⑤（安陸？）少宮陽申、⑥郘畢大宮屈施、⑦鄢之兵甲執事人宮司馬競丁は、すべて個人名を併記しており、その官職に就いていた特定個人が明示されるようになっている[28]。なお⑩のみ「僕宮於鄢」と、宮が動詞として用いられているが、これはこうした「宮」を冠する職に就いたことを示すものであろう[29]。

このように、個人名が併記されるか否かに着目すれば、「宮」を冠する官と宮大夫との性質の相違がきわだってくるだろう。すなわち「宮」を冠する諸官とは対照的に、宮大夫は概して個人を指定しない、曖昧な表現をとっていることが明らかになるのである。とすればやはり、宮大夫はそれ単独では特定の官職を指すようなものではなかったと言える。

これを踏まえていま一度①⑧を見てみよう。左尹以下中央官員のグループから羕陵に発せられた命令文書において、その宛先（受信者）は①「宮大夫」及び⑧「宮大夫司敗」であった。そして命令を実際に執行したのは、①では羕陵大宮痎・大駐尹師・鄰公丁・士師墨・士師鄢慶吉、⑧では大宮痎・大駐尹師である。ここでの呼称の変化は、命令が出された段階では「宮大夫」と曖昧な表現を取り、それを受けた「宮大夫」の側から報告される段階に至ってようやく具体的な官職名・個人名が明記された、との経緯を想定すべきである。報告文書における担当者の自称は「宮大夫」ではなく、「大宮」などの官名そして具体的な個人に変わっている。そして報告者の側には、宮大夫なる称謂を帯びる者は存在しない、言い換えれば、宮大夫は個人の自称とはならない、ということも特徴的である。

宮大夫とそれが実際に指す官職との対応がわかるのは①⑧に限られるが、その他の「宮」を冠する少宮・宮司馬といった官職も宮大夫に含まれると考えられる。これら宮大夫以外の「宮」を冠する官の方こそ、恒常的に置かれ特定の職務を持つ、「正式」な官職名であろう。だからこそ、常に個人名を伴い、いかなる人物がそれに就いていたのかを明確にすることができたのである。「宮大夫」の呼称は、大宮以下「宮」を冠する複数官職を包括したものとして扱わなければならない。例えば従来、①⑧に宮大夫と大宮が同時に現れることから「宮大夫＝大宮」とみなされることもあったが、それは正確ではない。大宮は宮大夫に含まれるという関係であって、両者は同義というわけではない。

「宮大夫」の呼称が包摂するのは、大宮・少宮・宮司馬といった「宮」諸官に限られず、①のように大駐尹・郲公・士師といった、特段宮と関係なさそうなものも含む。さらには⑨「葉宮大夫左司馬越虩」・「葉宮大夫集陽公蔡逯□」のごとく、左司馬や集陽公といった「本職」と思しき官職名に加えて冠せられることもあった。これら「本職」が常に宮大夫に包摂されたか、あるいは臨時のものであったかについてはなお検討の余地があるが、既に確実なのは、宮大夫の指す対象が極めて多様、緩やかであったということである。

以上の考察を総括しておこう。包山楚簡においては、大宮などの「宮」諸官を含む複数の官を曖昧に、あるいは集合的に指す場合に、「宮大夫」の呼称が使用され、特定の個人を指す必要がある場合には「大宮某」や「宮司馬某」が用いられる。その一端は、宮大夫単体には個人名が伴わないという事実に現れていた。「宮大夫（の一人である）某」といった含意で個人名を伴うことも可能とは思われるが、⑫にその可能性が窺えることを除いて、同様の事例は見あたらない。むしろそのような場合には、⑨「葉宮大夫左司馬越虩」・「葉宮大夫集陽公蔡逯□」のように個人の「本職」を記すことが包山楚簡においては原則であった。従って宮大夫単体で自称となることも想定しがたく、果たしてそのような事例は少なくとも包山楚簡においては皆無である。(30) さらにこの「葉宮大夫集陽公蔡逆□」に見出される通り、宮大夫はある土地に専属したわけではなく、おそらくは臨時にであろうが他の土地の官員に冠せられて兼任のような表現をとる場合もあった。無論、当該地の「宮」諸官がたまたま不在か欠員であったという可能性も排除すべきではない。しかしむしろ、宮大夫は常に存在したのではなく、何らかの事案が生じた際に事後的に編成される官員のグループを集合的に称したものであったのではないか。その土地に宮を冠する諸官がいれば彼を中心として官員グループ（＝宮大夫）が編成され実務処理をおこなうことが基本であったが、そうでない場合や事案が複数の土地に跨るといった理由があれば、別の土地の、宮とは関係ない官員であっても臨時に他地の宮大夫となることが可能であったのだろう。

宮大夫に関する如上の所見は、黄盛璋一九九四、劉信芳一九九七の「汎称」説に同調するものであるが、それらに付け加えることとして、個人名の併記という点で宮大夫とそれ以外の「宮」諸官が明別されているという事実を確認しえた。とりわけ命令文書においては、あくまでも緩やかに、集合的に「宮大夫」と指定したうえで命令が下されていたということになる。命令文書で受信対象をはっきり特定しないというのは一見不自然にも思えるが、受信側の当事者にとってはその命令の内容によって自明となるようなものであったはずである。その意味で連想されるのが、漢簡に頻見する「下當用者」という文句である。居延漢簡では例えば、

元康五年二月癸丑朔癸亥、御史大夫吉下丞相、承書從事、下當用者、如詔書。（10・33(31)）

綏和元年六月癸卯朔庚午、大司空武下丞相、下當用者。（254・10）

など枚挙に暇無いが、この「當に用うべき者に下せ」とは、「しかるべき担当者に指令を下せ」の意味で

あって、やはり担当者を具体的には明示しない形式である。かなり時代は離れるものの、ここから類推すれば、包山楚簡の命令文書において「宮大夫」宛という緩やかな指定の仕方で命令が下されるのも理解できるだろう。

「宮大夫」とは従って、「宮に関する担当者・責任者」程度の意味であったと解しうる。ただしその内容は「宮」関連の職官という条件付きである点、漢簡の「當用者」と比べればより限定的ではある。

第四節　宮の性格と戦国楚の「県」

以上の宮大夫に関する議論を踏まえ、「宮」そのものについて論じておこう。宮大夫が特定の官員個人を示すものではなかった以上、それは「宮」の長官を含みはするかもしれないが同義ではない。まして「県」の長官といった存在ではありえない。これまで、「宮」を郡県と同系統に並ぶ行政組織として、それらとの上下関係等を考えるといった方法が採られてきたが、宮大夫がそこの長官であるようなある一定の地理的範囲というものを想定することは難しい。「鄢宮大夫」や「葉宮大夫」という呼称の存在から、彼らが管轄する「鄢宮」・「葉宮」という「行政単位」の存在は導き出せないのである。この問題はむしろ大宮・少宮・宮司馬とは何か、といった側面から分析してゆかねばならない。例えば本章ではその字釈に従わなかったものの、「宮＝舍」とする説のように、行政単位ではなく地方に設置された宿泊設備のように解して、何らかの部署・施設とみなす見解の方が、方向性としてより適切であろう。

では宮とはいかなる性格の部署であったか。はじめにも述べたとおり資料が絶対的に不足しており、その追究は今後の資料の増加に期待するほかないが、現時点で手がかりとなる点をわずかながら挙げておきたい。

まず「宮司馬」の例があることから、それは軍事関連の施設や人員を含むものであったと考えられる。⑨

「葉宮大夫左司馬越虢」の事例もまた、宮と司馬の親和性を窺わせよう。

次に、「左宮」「右宮」のように、宮に左・右が接頭する事例が璽印として数点見られる（故宮博物院編一九八一、〇二五五～〇二五七）。包山楚簡にも大宮・少宮が見られ、宮は左右あるいは大少と分割されることがあったことがわかる。ここで想起されるのは、戦国期青銅兵器銘文などに頻見する「左／右庫」「大／小庫」の存在である。佐原康夫二〇〇二（一三六～一四一頁）によれば、三晋の中央・地方においては兵器庫ないしその工場として「庫」が設置されていた。また楚においても「庫」を記す出土資料は頻見する。その庫と同じように、宮も左右大少に分割されえたのである。このこともやはり宮が行政単位そのものではなく、地方に附置された機構であったことを強く示唆する。

以上のように、官制面からも宮は県のごとき行政単位ではありえないことが理解されるだろう。「宮＝県」説が成立しないとなると、包山楚簡には「県」は全く存在しないということになる。それでは、楚は戦国期に入っても「県」制を導入していなかったのであろうか。

文献史料には戦国期の楚県に関する記述は非常に零細であり、もっぱら『史記』や『戦国策』などに見える「公」や「令」からその存在を推測する手法が取られてきた。しかしそれが問題であることは第一章に述べた通りである。一方、「県」という語句そのものに関しては『戦国策』韓策二に、

> 芈戎に謂いて曰く、公叔を廢して幾瑟を相とする者は楚なり。今 幾瑟亡れて楚に之き、楚も又た秦を收めて之を復せば、幾瑟 鄭に入るの日、韓 楚の縣邑とならん。

とあり、「楚の縣邑」との表現が見える。楊寛二〇〇一はこの記事を前三〇〇年に繫年するが、この説話が同時代の記録を保存したものと受け取ってよいかは当然ながら別問題となる。この史料に依って前三〇〇年

頃の楚に「県」制が採用されていたと断じてよいかなお疑問は残り、右のような史料に「郡県」が普遍化した後代からの目線が反映されていた可能性は否定できない。

およそ戦国史を歴史的、動態的に研究しようとする場合の最大の障壁は、とりわけ六国の史料において年代記的記述を含む文献史料が極めて限られるため、後代の編纂史料、それも説話に偏るものに頼らざるをえないことである。上掲の史料もまさにその一つである。

そこで包山楚簡以外の出土資料に目を転じると、第一章で言及したように、戦国楚の封泥として「蔡睘」が発見されている。これは河南省駐馬店市の新蔡故城において発見され、現在は古陶文明博物館に収蔵されるという（周暁陸・路東之二〇〇五）。郝士宏二〇〇六はこれを「蔡県」と解釈する案を提示し、戦国楚において中原文化の影響のもと郡県制が次第に敷設され始めていたことの反映と考えた。それに従うならば、戦国楚の一次資料から「県」制の存在が裏付けられることになる。

ところがことはそう簡単ではない。封泥に「蔡県」と行政単位の名称のみ記されるとはどういうことであろうか。官用の封泥の文字は通常、官職名が記されるものであり、「蔡県」のように行政単位名のみが記されることは特殊である(32)。文書の封緘あるいは身分表示といった封泥の役割を考慮すれば、官職名を記すのが普通であることは理解しやすい。従って、「蔡令」などであればまだしも、「蔡県」と行政単位名のみを記す封泥となると、その用途とは一体何であったのか疑問が残る。そのために「県」とする解釈に簡単には賛同できないのである。

それならば、この蔡睘も宮と同様、行政単位としてではなく、地方に附置された部署・施設の一つと見なす方が適切ではないだろうか。実のところ同じ新蔡故城から、楚系封泥として「睘」一字のみを記すものも発見されている。仮にこれが「県」であるとしたら、行政単位一字だけを記した封泥ということになり、一層理解に苦しむ。従ってこの材料もまた、楚の「睘」が地方附置の何らかの部署・施設であったと解釈すべきことの傍証となるだろう。[33]

ここで「宫＝県」説に引き続き、「睘＝県」説もまた承認し難いことが明らかになっただろう。戦国楚における「県」制の存在からはまた一歩遠ざかったことになる。現状では、説話記事を除けば、年代的に確実な資料から楚の「県」の存在を確認することはなお不可能と言わざるをえない。[34]

小結

そもそも宫大夫が特定の官職名として考えられていたことの背景には、その呼称が直ちに「邑大夫」を連想させるということがある。文献史料の邑大夫は、『左伝』襄三十一「子皮欲使尹何爲邑」の杜注「爲邑大夫」に端的に示されているように、某地を統治する長官と一般に解されている。いま『左伝』にそれを確認するならば、

趙衰爲原大夫、狐溱爲溫大夫。（僖二十五）

（申公巫臣）遂奔晉、而因郤至、以臣於晉。晉人使爲邢大夫。（成二）

羽頡出奔晉、爲任大夫。（襄三十）

などがある。このように邑ないし県の「大夫」は『左伝』に頻見するところであり、これを当地の「長官」とみなすこと自体は、その性格をどう捉えるかは別として問題ない。

ところが、実のところ邑大夫という熟語そのものは『左伝』をはじめ先秦文献には見られない。[35]確かに先秦文献には某地の「大夫」が現れるが、これを「邑大夫」なる名称で一般化して呼ぶようなことは確認でき

ないのである。従って現存の資料に拠る限り、地方の大夫の総称としての「邑大夫」は、注疏をはじめとするより後代の目線から先秦文献の大夫を説明したものに過ぎない。我々が用いる「邑大夫」はいわば歴史用語であって、先秦時代の同時代的表現ではないことに留意が必要である。

先秦文献において地方の長官と目される「(某地の)大夫」は、「原大夫」「邢大夫」のように地名に直接「大夫」が連続するのに対し、包山楚簡の「鄢宮大夫」「葉宮大夫」は、あくまでも某地の「宮の」大夫であって、「某地の大夫」というわけではない。具体的に言えば、「原大夫」は「原の大夫」であり、「鄢宮大夫」は「鄢(に属する)宮の大夫」であるということになる。極めて単純なことがらのように思われるかもしれないが、某地の大夫か、某地の宮の大夫か、という大きな相違がここにはある。

「宮大夫」から「邑大夫」を連想する論者は、「邑大夫」が後代的表現であることにほとんど留意していない。本来「某宮大夫」は「邑大夫」と同列には語れなかったのである。宮大夫のように文献史料からの連想が得やすいものほど類推に頼りがちになるが、安易に既存の資料に引きつけることの危険性がここにも看取される。それゆえに、出土資料そのものを起点とした考証を積み重ねてゆくことが今後とも必要になる。何より時代範囲が明確である包山楚簡の資料価値は、そうした作業の立脚点として適しているという点にも存するのである。[36]

【注】

(1) 『史記』楚世家「(楚懐王)六年、楚使柱國昭陽將兵而攻魏、破之於襄陵、得八邑。」

(2) また「大司馬悼滑逕楚邦之師徒以救郙之歲」([226]など)とも表記される。

(3) 湖北省荊沙鉄路考古隊一九九一b所収の王紅星「包山簡牘所反映的楚国歴法問題——兼論楚暦沿革」、劉彬徽「従包山楚簡紀時材料論及楚国紀年与楚暦」、及び陳偉一九九六（第一章）を参照。

(4) その他、包山楚簡及び包山一号楚墓についての基礎的な情報は池田雄一二〇〇八（第七章）、藤田勝久二〇〇五（第一編第五章）、駢宇騫・段書安編二〇〇六（四四五～四四七頁）に簡要な整理がある。

(5) 州・里に関する最近の研究として魯鑫二〇〇八がある。

(6) 本邦では藤田勝久氏による陳偉一九九六の書評がある（藤田勝久一九九八）。

(7) 顔世鉉一九九七（一一五頁）。

(8) 呉良宝二〇一〇（二八八頁）もまた、春秋「楚県」の存在から類推して戦国楚県を抽出するような方法を否定している。

(9) 藤田勝久二〇〇五（二二三、二二五頁）は「文書」簡に「県」の名称を記さないことに注意を喚起し、また「公」・「正」の存在する地名を県とみなすことに疑問を呈している。ただし氏は陳偉一九九六と同様、「県レベル」とする同一階層の行政機構を想定しており、県が基本的な行政単位であると見なしている。

(10) 近年の王穎二〇〇八（五五頁）も陳偉氏の「宮＝県」説に従い、これを「行政区画類名詞」に分類している。

(11) 同論考は著者詹今慧女士より恵贈に与った。ここに記して感謝申し上げる。

(12) その他、黄盛璋一九九四、羅運環二〇〇二も「宮」と隷定すべきことを論じている。

(13) ただし劉信芳二〇〇三（一一九、一六〇頁等）においては宮大夫を「邑大大」と読み替えている。

(14) 「郙客望困業之犬宮叙鴈」[145]は検討の対象から除外した。この「犬宮」は合文であり、「犬宮」・「宮犬」どちらの読みも可能で、意見が分かれている。また「郙（国からの）客である望困業（人名）」に属しているようであり、楚の官名とは無関係である可能性もある。劉信芳二〇〇三（一四五頁）は「犬宮」と読み、「犬」という地の「宮大夫」とみなすが、根拠に欠ける。陳偉等二〇〇九（七〇頁）では「家宮」との解釈を提示しているが、その内容は不明である。

(15) 「詽」字の解釈として、「験」とする胡平生一九九七、「察」とする裘錫圭説（荊門市博物館編一九九八、一五一頁）、「督」とする劉信芳二〇〇三（一九～二一頁）があるが、いずれも「しらべる」「調査する」の意味に捉えて大きくは異ならない。また、その字形についてもなお議論が確定していない（黄錫全二〇〇一参照）。

(16) 陳偉一九九六（六三頁）。

(17) 陳偉等二〇〇九（六二頁）は、「左尹與郙公賜・正婁恷……發尹利之命」[128A]の「與」を動詞とみなし、左尹から郙公賜ら七人に命令が「與」えられたとする。つまり左尹・鄝公賜・正婁怯……らが共同で命令を出したとはみなさない（陳偉等二〇〇九（六二頁）も同じ）。しかしこの「與」は並列を示すと捉えるべきである。[141]に「秦大夫怡之州里公周瘢言於左尹與鄝公賜、鬻尹𣄰・正婁怯・正令翌・王私司敗逿・少里喬與尹羿・郯逄尹虗・發尹利」とあり、ここでは「言於」の目的語として同様の左尹以下のグループが現れているため、この「與」を動詞で読むことはできない。同様の句形は[143]にも見られる。これらに鑑みれば、「左尹與鄝公賜……」と示される左尹以下は一体として捉えるべきであるから、[128A]の「與」も並列を示すと解釈すべきである。従ってここでは、命令を発信した側が「左尹と鄝公賜・正婁怯……」の連名となっていると解した。また、報告文書[126-127]の宛先は明示されていないが、必然的にそれは本来「左尹與鄝公賜・正婁怯……發尹利」であったと想定される。いずれにせよ、報告文書[126]において「子左尹命羕陵之宮大夫……」（左尹閣下が羕陵の宮大夫に命じられましたことには……）とあるため、命令の発信者を左尹、受信者を羕陵の宮大夫と解することに問題はない。

(18) 「至（致）命」が「報命」（復命する）の意味であることは李家浩二〇〇一を参照。

(19) 「阩門又敗」の解釈は陳偉一九九六（五二頁）に従ったが、その具体的な意味については意見が分かれている。同論考は詳細な含意は不明とする。廣瀬薫雄二〇〇七に諸説が整理されており、氏自身は「徵問有敗」と解して「裁判は失敗するであろう（審案就会失敗）」の意とする。ただし、その前提として氏は「徵問」を「被疑者ないし証人の召喚（徵）と訊問の執行（問）」と考えているが、受期簡に最も多く見られる「不逞～以廷（～を連れて出廷させなければ）、阩門又敗」の形式にこれを当てはめると、「出廷させる」と「召喚」が重複してしまい、不自然である。またその他の意見として、葛英会一九九六（九三頁）が「阩門」＝「上聞」と解し、「もし受期者が文書の指示の如く処置しなければ、上聞において落ち度ありとして処罰する」と解釈する。李家浩二〇〇六もこれに従っている。

(20) 廣瀬薫雄二〇〇五は文書送達の観点から[126-128]について考察を加えている。

(21) 「子」が上行文書における尊敬表現であることについては周鳳五一九九六が注意している。

(22) なお⑧では「宮大夫司敗」に出された命令に、大宮・大駐尹が返答している。「宮大夫司敗」が、「宮大夫と司敗」であるのか「宮大夫でありかつ司敗」であるのか判断しがたい。特に命令を受けたはずの羕陵側の「司敗」が報告文書中に見えないが、大駐尹が司敗に含まれると解釈すべきであろうか。

(23) ここでは「□王之奠一青犠之賚」を売買に供された何らかの品物と考えた。劉信芳二〇〇三（一一三頁）は「□王之奠」

について、「□」字を「広」に読み、楚王の祭祀規模を拡大することと考えている。しかしそれでは「賖」＝貰貫の目的語としては適当ではなく、数年（「□歳」・「盛公𨚵之歳」）を経てようやく交渉が決着したこととも整合しないように思われる。

(24) この文字にも議論があり、必ずしも満足に解釈できるわけではないが、ここでは劉信芳二〇〇三（一二二頁）に従っておく。

(25) 湖北省荊沙鉄路考古隊一九九一aは［47］、［130］の宮大夫の後に頓号を付し「某宮大夫・某公」のように読む。これに対し黄盛璋一九九四は後続の官名と連続させるべきであることを主張しており、その意見が有力である。詹今慧二〇〇八も（b）のように解すべきことを指摘する。陳偉一九九六の釈文ではすべて頓号を付けておらず、劉信芳二〇〇三、陳偉等編二〇〇九も同様である。

(26) なお「執事人」は表中の⑦にも「鄝之兵甲執事人宮司馬競丁」と見える。「執事人」に接頭する「咎」や「兵甲」は、その「執事」する内容を示すのであろう。

(27) 陳偉一九九六（三〇頁、六五頁）。「所詎」類に関する専論として廣瀬薫雄二〇〇一がある。

(28) 新蔡葛陵楚簡（河南省文物考古研究所編二〇〇三）に「閒陽大宮果之述」（甲三：348）とあり、賈連敏二〇〇四はこれを「祭祷文書」のひとつに分類する。同類の簡牘からすれば本簡は「地名（閒陽）＋大宮＋個人名（果）」の構造であることは明らかであり、包山楚簡の場合と同じく個人名が付された事例である。

(29) これを劉信芳一九九七等は「鄝の宮大夫となった」と解釈するが、本章の所見に従えば、より具体的な「大宮」等の官に就いたと解釈すべきである。

(30) 近年、黄錫全二〇一〇は新たに「匀州宮大夫」の璽印を紹介するとともに、これまで確認されている「宮」関係の璽印を集成している。同論文および韓自強・韓朝二〇〇〇、肖毅二〇〇一によって紹介された「宮大夫」の璽印としては、「下蔡邑大夫」「上欧宮大夫璽」「江陵行宮大夫」「上場（唐）行宮大夫璽」「下場（唐）行宮大夫璽」「山桑行宮大夫」「郙厚行宮大夫璽」「新東陽宮大夫璽」「鄱（番）宮大夫璽」「鄂宮大夫璽」がある（なお肖毅二〇〇一は「宮＝県」とする陳偉説に従い、また黄錫全二〇一〇は「宮」の意味には踏み込まない）。以上はいずれも「地名＋宮大夫」もしくは「地名＋行宮大夫」の形式である。これらは一見特定の官職名を示しているようにも思えるが、必ずしもそう捉えなくともよい。本章の知見に基づきその用途を考えれば、例えば中央に提出する報告文書において①⑧のように大宮以下諸官が連名で文書を作成した際、「宮大夫」という名義をいわば集合的な自称とし、その璽印を以て封印したといった過程が想定できよう。

なお韓自強・韓朝二〇〇〇は楚璽の「行宮大夫」に関して、楚が秦の逼迫に遭い東遷したのち、旧支配地を矯置した地の長官を「行宮大夫」と称したとする（この見解は黄盛璋一九九四に既に提示されている）。「行宮」が包山楚簡に見られず、淮河流域出土楚璽に事例が集中しているという興味深い指摘もなされているが、果たして戦国楚に矯置の制があったのか、またあったとしてもそれがなぜ「行宮」と称されるのか疑問が残る。

(31) 居延漢簡の釈文は謝桂華・李均明・朱国炤一九八七による。

(32) なお秦漢代の官印では「某郷」は頻見するがこれは郷嗇夫の省略と考えられる。県以上になれば、「某県」のように行政単位のみを刻するものは確認できず、令・長や宰、もしくはそれ以下の官職名が記されることが圧倒的に多い。

(33) 出土経緯は不明ながらも、韓自強二〇〇八によって「廿七年涑鄵嗇夫担、治匀嗇夫雩、冶𩞁」なる銘文を持つ戦国魏の戈が紹介された。同論考はこれを安釐王期のものとしている。そこに見える「涑鄵」は別の戈にも見られ、李家浩二〇〇二（一三三頁）はこれを山西省西南部、涑水付近の「県」名と解説していたが、ここで新たに「県嗇夫」の存在が裏付けられたことで、戦国魏において「睘（鄵）」字が「県」に用いられたことがより確かになったと言える。

(34) ただしこれは「県」なる文字の存在に限った場合の話であり、時代の経過とともに地方支配組織の整備が楚においても進行したことは確実であろう。戦国期に関しても楚の「公」や「令」の存在を県と結びつける議論が見られる。だが陳偉一九九四（一九三頁）も指摘するように、まず楚の「県令」は後代の人が他国の制度に照らして表記したものであって楚人の自称ではないと考えられる。一方の「公」について、これを「県公」に直結させることにはやはり慎重を期するべきだが、包山楚簡はじめ戦国楚の出土資料にも「某公」が多数見られることを考えれば、おそらく「公」を頂点とした、制度的により均質な地方支配組織が形成されるに至っていたことは認めてよいと思われる。そのため「公」は「公」そのものとして、「県」制とは一旦切り離してその性格を議論したうえで、その性質や機能を他国との比較に供することができればより確実な議論が可能だろう。この課題については他日を期したい。

(35) 「邑大夫」と熟するのは早くとも漢代以降のことと考えられる。『史記』本文にはほとんど出現せず、田敬仲完世家「襄子使其兄弟宗人盡爲齊都邑大夫」に、「都邑大夫」が見えるのみである。その他は『史記集解』に見え、秦本紀康公六年の『集解』「服虔曰、晉之魏邑大夫」や、斉太公世家の『集解』「賈逵曰、棠公、齊棠邑大夫」がある。

(36) しかし一方で、包山楚簡の文書としての限界にも配慮が必要である。顔世鉉一九九七（二三八〜二三九頁）に述べられるように、文献上では懐王期に江蘇省東部沿海地域、江蘇・山東の交界、長江以南、安徽省東部といった地域にまで楚の疆域は達していたが、氏の地理考証に依れば包山楚簡にはそれら楚国東部の疆域に当たる地名や封君が見られないという。その理由として顔氏は、①包山楚簡がより多数の文書の中の一部分にすぎず、全面的に楚の状況を反映したものではない可能性、②司法文書であることを踏まえれば、左尹の所管が全国に及んでいなかった、あるいは全国を所管していたとしても包山楚簡が左尹の文書の一部に過ぎないという可能性を想定している。さらに付け加えるならば、偶発的でしかない司法案件と関連する限りにおいてしか地名が登場しないという事情も想定すべきであろう。いずれにせよ、顔氏の指摘は包山楚簡という文書群そのものの局限性に注意喚起するものとして傾聴すべきである。

第四章　先秦時代における「郡」の形成とその契機

序　言

　中国歴代の地方支配制度の基本となった郡県制は、先秦時代とりわけ戦国期に形成されてゆくと一般にみなされる。しかし「県」に関する研究に比して、「郡」に関するそれは比較的乏しい。それは、「県」が西周・春秋以来の問題である一方、行政機構としての「郡」の存在はほぼ戦国期以降に限られること、また戦国・秦代には「郡」が地方統治において担った役割はなお大きくないとみなされてきたことが背景にあると思われる。

　本書第二章において、春秋期から戦国中期「商鞅県制」に至るまでの「県」の展開について考察し、先秦時代における「県」制が西周―春秋晋―三晋―秦と継承されていったことを論じた。「県」は春秋晋で名称としては既に一般化しており、軍事的な賦課等によって地方支配の均質化を目指す方向が萌芽的に現れていた。戦国期に至ると、「商鞅県制」に見られる小邑の統合や県令の設置など、制度的均質化が一層進行したことが明確になり、これが秦漢郡県制の直接の前身となる。

　このように「県」制の整備が進む一方で、「郡」はいかなる必要性に基づいて発生したのか。その特質はいかなるものであったか。こうした問題は従来から検討されてはきたものの、上記のような研究の乏しさから、十分に解明されているとは言い難い。また、近年の出土資料研究の成果によって、かつて用いられてきた文献史料をもあらためて検討し直す必要性が浮上している。本章では従来の研究成果を踏まえつつ、専ら文献史料を再検討することによって、「郡」が先秦時代においていかなる事情で発生し、いかなる特質を有していたかを論じることとする。

第一節　先秦時代の郡に関する従来の研究

一　戦国期以前――「県大而郡小」と「郡大而県小」

まずは従来の研究を振り返ることから始めよう。「郡」の初期に関連して誰もが言及するのが、春秋期の「県大而郡小」から戦国期の「郡大而県小」への変化である。それは杜佑『通典』[1]以来指摘されてきたことだが、その解釈をめぐって意見が分かれる。この議論は、

『左伝』哀二「敵に克つ者、上大夫は縣を受け、下大夫は郡を受く。」
『逸周書』作雒篇「千里百縣、縣に四郡有り。」（右記『左伝』杜注所引）

という二つの史料を出発点とする。『左伝』の記事は、范・中行氏の乱の一幕、趙と鄭との戦いにおいて、趙鞅が「敵に克つ者」に対する賞賜について誓した発言である。上大夫には「県」が、下大夫には「郡」が授けられるということから、春秋期には県が郡より「大」なるものであった、とされる。また『説文解字』六篇下にも「郡、周制、天子の地方千里、分かちて百縣と爲す、縣に四郡有り。」とあり、県が四郡より構成されていたとの認識が示されている[2]。杜預が『逸周書』を引用して『左伝』に注し、許慎も明確に「周制」と述べるように、彼らは春秋晋の「郡大而県小」を「周制」の継承と認識していたようである。これを以て、春秋期には郡が県に属したとみなす、いわば「県郡」構造を想定するのが後漢以来の伝統的な解釈で

あった。(3)

この解釈に対し一石を投じたのが清儒姚鼐である。『惜抱軒全集』文書巻二、郡県考に、

> 趙簡子の誓に曰く、「上大夫は縣を受け、下大夫は郡を受く」と。郡遠くして縣近し、縣は成聚富庶にして郡は荒陋たり。故に美悪を以て等を異にするも、郡と縣と相い統屬するに非ざるなり。(4)

とある。件の趙簡子の誓において郡が下位にあるのは、それが遠方にあり、荒んだ劣悪な場所であるという土地の善し悪しの問題であって、県が郡を統属させているわけではないと述べられている。春秋期の郡と県とは独立別個の存在であり、統属関係はなかったというこの姚鼐の説は現代の学者にも継承されている。楊寛二〇〇三b（二二七頁）は「郡」について、春秋末年の晋に出現し、新たに獲得された辺境の地におかれたが、辺境は荒廃しまた広大で人口密度が薄いため、県より面積は大きいが地位は低かったとしており、ほぼ姚鼐と同意見である。(5)

このように、姚鼐以来の研究者は『左伝』に示される春秋期の状況を、県が郡を下属させているとは捉えず、県と郡には地位の高低があると考え、各々独立別個の存在とする。この考え方は杜預や許慎らが示したような「県郡」構造のイメージを離れて「県大而郡小」を説明した点で新しい解釈であったが、なお推測に留まっており、それを支える根拠を欠いている。(6) また、結局どのような過程で「県大而郡小」から戦国期の「郡県」構造へと変化していくのか実証的に述べられてもいない。さらに、『左伝』にのみ依拠して『逸周書』は無視されているようであるが、「縣有四郡」という『逸周書』の記載を尊重すれば、県・郡は独立別個の存在ではなく、まぎれもなく県が複数の郡から構成されていることになる。県が郡を下属させる構造が、ある時点・地域で現実として存在したかもしれないし、少なくともそうしたモデルが構想されていたために

『逸周書』の記事が残っている可能性は排除できない。

とはいえ、以上のわずかな記事のみでは、これ以上の考察を進めることはほとんど不可能である。ここでは、春秋期に「県大而郡小」の構造が存在し、それが戦国期以降の「郡県」構造とは異なっていた可能性があることの確認に留めておきたい。(7)

なお、『国語』晋語二にも「郡県」の語が見られ、(8)春秋期（前六五一）として語られる「郡」のもう一つの記事ではあるが、これについては童書業二〇〇四（三四〇頁）の指摘するように資料的に問題が大きい。「郡県」の語は『左伝』等に類例を見ないし、こうした会話文は特に後世の脚色を被りやすい。修辞として戦国期以降付け加えられた部分と考えるべきであろう。

二　戦国期以降

戦国期以降になると資料の増加も相俟って、郡の地方統治機構としての存在が確認できるようになる。(9)楊寛二〇〇三b（二二八〜二三〇頁）は、戦国期の郡は辺境地区に設置され、辺境防衛の機能を有していたことを指摘する。鎌田重雄一九五三（三三頁）もまた、郡は国境に設けられ、隣国の侵寇を防禦する「特別軍政地域」として現れたものであったとしている。重近啓樹一九九九（三〇九頁）は、戦国期の地方行政の中心は県によって担われたとし、一方の郡は「軍政的機構」としての性格が強く、郡守は軍事や属県への監察、裁判を主要な職務とし、軍事・監察官としての性格が強かったとみなす。(10)これらの研究では軍事的役割を重視する点が共通しているが、それをさらに先鋭化した見解が陳長琦一九九七にみられる。氏は戦国郡の権限・機能は極めて限定的で、行政・財政・司法の機能を有していなかったとし、よって戦国期の郡は「軍区」であって「政区」ではないとする。しかし陳氏の挙げる資料的根拠には疑問もあり、全面的に支持することはできない。氏は戦国期の郡が県の上級機関であることすら否定するが、それならばなぜ後掲の「上郡十五縣」のごとく、複数の県のまとまりが「郡」と呼ばれるようになるのか説明できない。

これまで郡の軍事的役割が強調されてきたのは、それが辺境地区に多く見られるとされていることが背景にある。これに対し藤田勝久二〇〇五（六四頁）は、秦の郡県制は辺境で始まったのではなく、まず京師において県を統轄する郡レベルの行政機構（内史）が整えられ、秦の領土拡大の過程で次第に南郡等の辺境郡県に伝えられたものという過程を想定している。すなわち、辺境防衛の必要性から郡が発達したという楊寛氏や鎌田氏らの見解に反し、まず秦の中央において複数県を統轄する行政機構が整備され、それが辺境に持ち込まれていったという立場をとっている。(11) 戦国期一般の郡制ではなく、秦に独自の郡制の姿に踏み込むものとして一歩進んだ見解といえるだろう。ここで示唆されるのは、従前の見解のように郡を単なる「特別軍政地域」や「軍区」などと断ずるのは妥当ではなく、その行政的機能の存在を意識して検討する必要があるということである。

その実践とも言えるのが、青銅兵器銘文を利用した研究である。角谷定俊一九八二は秦の青銅兵器銘文に基づき、武器製作にあたった工官の特徴を論じている。そのうち、郡制との関連において重要な指摘として、①秦の工官は、内史の管轄内に置かれたものと内史以外の郡に置かれたものの二つに大別される。②内史に置かれた工官は、相邦又は丞相が督造者＝最高責任者であったが、郡に置かれた工官は、郡守が督造者となった。(12) ③内史に置かれた工官は、工官嗇夫・県令・内史・相邦といった体系のもとに管轄され、(13) 一方で郡に置かれた工官は、郡守と工官の間に工官嗇夫、県令が存在したと推測される。以上の三点を挙げることができる。

秦において、県の兵器製造・管理を統制する上級機関として郡が出現することは夙に知られていたが、佐原康夫二〇〇二第二部第一章はさらに進んで、秦と三晋との相違を論じた。それによれば、兵器製造の際、秦では中央・地方を問わず、県は上級機関（中央では相邦、地方では郡）の統轄を受けていた一方で、三晋においてはそうした県の上級機関は見られないという。佐原氏は、文献史料に基づく楊寛・鎌田重雄氏らの研究が郡の軍事的役割を重視していたことと関連づけ、「戦国時代、郡は国境や占領地の県を特別軍政地域として統轄するために設けられたといわれている。このような郡制における軍事的観点の重視が、秦の兵器銘にも反映していると思われる」（一五三頁）と述べ、秦の兵器銘に郡が登場する背景を説明している。

しかしここで疑問となるのは、それならばなぜ三晋においては郡が兵器製造における上級機構として現れないのかということである。三晋においても郡が「軍区」や「特別軍政地域」であるのならば、秦と同じように兵器製造に関与していてもおかしくない。しかし、兵器銘文の語る事実はそうではなく、三晋では県の上級に郡は現れない。このような観点からも、郡を「特別軍政地域」・「軍区」などと捉える評価がもはや説得力を持たないことは明らかであろう。少なくとも、それは三晋においては当てはまらないのである。

そもそも「軍区」や「特別軍政地域」とされた性格は、文献史料に依拠した研究によって出された見解である。そこに疑問符が付くとなれば、あらためてその依拠するところに立ち返って再検討する必要があるのではないか。そこで以下では文献史料の検証を中心として、戦国郡についての具体的検討を進めることとしたい。三晋の出土資料に郡が見られない以上、まずは秦のそれを起点として考察を進めるのが適当であろう。

第二節　秦の郡

一　秦郡に関する議論

秦郡に関する重要な論点として、統一期に成立したという「三十六郡」をどう比定するかという問題がある。古くは『史記』の注釈から、清代考証学者らの考証を経て、ごく最近に至るまで専論が断続的に発表されており、長らく研究者が関心を注いできたテーマでもある。(14)秦郡名の抽出やその資料根拠の収集といった面では既にかなりの研究が積み重ねられており、我々後学に裨益するところ極めて多大である。さらに近年では伝世文献に見られない郡名が、秦代封泥(15)や里耶秦簡(16)、嶽麓書院所蔵秦簡(17)などによって知られることとなり、研究は新展開を迎えている。秦代郡名に関する我々の認識は不断の更新を求められているのである。ただ、この分野は基本的にそれ自体で完結してしまっている問題系である。そこでは郡が地方統治においていかなる役割を担ったかについての制度史的関心は稀薄であるし、また統一期の状況を解明することが第一に目指され、そこでは何よりも歴史過程がほとんど意識されていない。また新出の資料が増加したとはいえ、封泥は年代を絞ることが難しく、簡牘はおおよそ統一前後に集中しているため、静態的な研究を乗り越えることにあまり寄与していない。ここでは従来の研究成果に多くを負いつつも、三十六郡の比定に関する議論には深入りせず、秦の置郡状況を具体的な資料に即して概観することを主眼としたい。

まず秦の置郡過程については既に江村治樹二〇〇〇（三八二～三八四頁）の考察がある。氏は地理的な位置に注目しながら、置郡過程を以下のように四期に分類している。

第一期　前三一六年の巴郡設置から前二七一年の北地郡設置までの四五年間。内史周辺から南方、東南方に進出する時期。

第二期　前二七一年の北地郡設置以降、前二五〇年までの二一年間。郡設置は見られず、安定的に維持できる獲得地が存在しなかった時期。

第三期　前二四九年の三川郡設置から前二二六年までの二三年間。三晋の中心部と、その北方に郡を設置していった時期。

第四期　前二二五年から前二二一年までの四年間。斉・楚・燕等の地に一六郡を置いた時期。

江村氏は郡設置年代の根拠として、楊寛二〇〇三bに付する「戦国郡表」（以下「楊寛郡表」と表記する）に基本的に拠り、また時に馬非百一九八二の意見をも参照している。これらはほとんどの郡の設置年代を明示しており、資料集として極めて有用だが、それぞれの見解についてなお議論すべき点も少なくない。

まず前三一六年設置とされる巴郡を、江村氏は秦における最初の郡としているが、氏自身も注記する通り、馬非百一九八二（五七八頁）は上郡を第一の秦郡としている。江村氏は楊寛説を採る根拠を特に示してはいないが、後述の通り楊寛氏の資料的根拠には問題があり、第一の郡は上郡と考えるべきである。

次に、第一期の終わりに位置づけられた前二七一年の北地郡設置について。義渠を破って郡を設置したとする楊寛郡表の意見は、『史記』匈奴列伝に拠ったものであり、そこには、

> 秦昭王の時、義渠戎王　宣太后と亂し、二子有り。宣太后　詐りて義渠戎王を甘泉に殺し、遂に兵を起こし義渠を伐残す。是において秦　隴西・北地・上郡を有し、長城を築き以て胡を拒ぐ。

とある。だが、この記述は実録的なものとは言い難く、吉本道雅二〇〇八の指摘する通り、改変を被って再編成された記述であるに違いない。すなわち、匈奴列伝は秦昭王[18]期のこととしてこれを語っているが、この

とき「隴西・北地・上郡」が設置されたとするのは、後述の上郡設置年代と矛盾する。そのため、匈奴列伝に記される置郡年をそのまま信用することはできない。匈奴列伝は、これらの郡が戦国期に設置された程度のことを伝えるものではあっても、具体的な郡設置の年次を考察する根拠とするには難がある。

とはいえ江村氏は第二期を郡設置の見られない時期としているので、北地郡設置が無くとも、分期には影響は無いとも言える。しかしここで問題となるのは、第二期は「長期にわたって安定した郡は設置されていない」とされているものの、それが二三年間に過ぎない点である。それならば、前三一六年と江村氏の解する巴郡設置から、次の前二九〇年における河東郡設置（これも必ずしも確実ではない）まで、二六年間にわたり郡設置のない時期が続いているが、特に分期はなされていない。純粋に郡設置過程の分期を目的とするなら、第二期の設定はいささか客観性を欠くのではないだろうか[19]。

二　秦郡の設置年代

上述のごとく、戦国秦による郡の設置を探る際、楊寛郡表に拠るのみでは問題がある。そこで置郡年代に関してこれまでの議論を整理し、自らの判断を提示しておくことが必要であろう。ここでは設置年が確認できる秦郡を取り上げ、特にその資料根拠の所在に拘って議論を加えることとする。

①『史記』秦本紀・秦始皇本紀により設置年が知られる郡

秦郡の設置年代を考える際に根本資料となるのは言うまでもなく『史記』である。中でも『史記』本紀部分の年代記的記述は相対的に信頼性が高く、第一に依拠すべき資料である。それらに逐一検討を加えていく[20]。なお以下、『史記』からの引用は篇名のみを記す。

・上郡　前三二八～前三二四年[21]

秦本紀、恵文君十年（前三二八）に、「魏　上郡十五縣を納む」とあり、秦が魏を攻略していく中、魏から「上郡十五縣」が献上されたことが記される。ただしこの年に秦が「上郡」を設置したかどうかは問題がある。[22]楊寛郡表は、秦は昭王三年（前三〇四）に上郡を設置、膚施県を郡治としたとするが、そこで根拠とされる『水経注』巻三河水には、「奢延水　又た東して膚施縣の南を逕。秦昭王三年置く、上郡治」とある。[23]これは厳密に言えば膚施縣に上郡の郡治を置いたことを言うのみであり、[24]上郡自体がこのとき初めて置かれたとは限らない。馬非百一九八二（五七八頁）は『水経注』の昭王三年説（＝楊寛説）を根拠が無いとして退け、前三二八年に魏が秦に上郡を献上した際、既に上郡は存在していたとする。そこで根拠として挙げられている「王五年上郡疾戈」は、王輝二〇〇〇（五九頁）によれば前三二〇年のものである。これは上郡設置が恵文王更元後元年（前三二四）以前であるとする陳平一九八七に基づいている。設置下限年代はこれに従うべきであろう。上限は魏から「上郡十五縣」が献上された前三二八年となる。

・漢中郡　前三一二年

秦本紀、恵文王更元後十三年（前三一二）の記事に「又た楚の漢中を攻め、地を取ること六百里、漢中郡を置く」とある。[25]このことはまた、『華陽国志』巻三蜀志にも見える。

周愼王五年秋、秦大夫張儀・司馬錯・都尉墨等、石牛道從り蜀を伐つ。……冬十月、蜀平ぎ、司馬錯等因りて苴と巴を取る。周赧王元年、秦惠王　子通國を封じて蜀侯と爲し、陳壯を以て相と爲す。巴郡を置き、張若を以て蜀國守と爲す。戎伯尚お強し。乃ち秦民萬家を移して之を實たす。三年、巴・蜀を分かち漢中郡を置く。六年、陳壯反し、蜀侯通國を殺す。秦　庶長甘茂・張儀・司馬錯を遣わし復た蜀を伐ち、陳壯を誅す。七年、子惲を封じて蜀侯と爲す。司馬錯　巴・蜀の衆十萬、大舶船萬艘、米六百萬斛を率い、江に浮びて楚を伐ち、商於の地を取り、黔中郡と爲す。[26]

同時に言及される巴・蜀郡と末尾の黔中郡については後述する。ここには周赧王三年（前三一二）に巴・蜀から漢中郡を分置したことが記されており、秦本紀と一致する。[27] ただし『華陽国志』巻一巴志では、

周愼王五年、蜀王　苴侯を伐ち、苴侯　巴に奔る。巴　爲に救を秦に求む。秦惠文王　張儀・司馬錯を遣わして苴・巴を救い、遂に蜀を伐ちて之を滅す。儀　巴・苴の富を貪り、因りて巴を取り、王を執えて以て歸る。巴・蜀及び漢中郡を置き、其の地を分かちて三十一縣と爲す。[28]

と、周愼王五年（前三一六）の時点で巴・蜀・漢中郡を設置したことになっており、秦本紀や蜀志より早いが、ここは秦本紀の年次を優先すべきであろう。[29] なお「漢中守」造の「六年漢中守戈」は秦昭王六年（前三〇一）のものとされる。[30]

以上の『華陽国志』の記述によると、秦は巴蜀征服の際、巴・蜀にも郡を設置したことが窺える。しかし漢中郡の設置が秦本紀に明示されるのに対して、巴・蜀郡はそうではない。だが蜀守督造の兵器銘文（注（36）参照）が現存し、また「巴郡」が里耶秦簡にみえる通り[31]、これらの郡が統一以前の設置であることは確かである。よって単に『史記』が巴郡・蜀郡の設置を明記しないにすぎないが、設置年を明示する資料が『華陽国志』に降ることには注意しておかねばならない。

・南郡　前二七八年

秦本紀、「（昭王）二十九年、大良造白起　楚を攻め、郢を取りて南郡と爲す」より、昭王二十九年（前二七

八）の設置。

・黔中郡[32]　**前二七七年**

秦本紀「（昭王）三十年、蜀守若 楚を伐ち、巫郡及び江南を取りて黔中郡と為す」、楚世家「（楚頃襄王）二十二年、秦復た我が巫・黔中郡を抜く」より、昭王三十年（前二七七）の設置。前掲『華陽国志』蜀志では周赧王七年（前三〇八）とされていたが、秦本紀・楚世家に従うべきであろう[33]。なお黄彰健一九五四は、昭王期に設置されたことは認めつつ、その後楚との攻防もあって存続しなかったことを論証している。また、里耶秦簡等出土資料に見られる統一期前後の「洞庭郡」がここにいう黔中郡の疆域に含まれていた可能性が指摘されている（陳偉二〇〇三）。

・南陽郡　**前二七二年**

秦本紀「（昭王）三十五年、韓・魏・楚を佐けて燕を伐つ。初めて南陽郡を置く」より、昭王三十五年（前二七二）の設置。

・三川郡　**前二四九年**

秦本紀「（荘襄王元年）蒙驁をして韓を伐たしむ。韓 成皋・鞏を献ず。秦界 大梁に至る。初めて三川郡を置く」より、荘襄王元年（前二四九）の設置。

・上党郡　**前二六〇～前二四七年**

秦始皇本紀「荘襄王死し、政 代わり立ちて秦王と為る。是の時に當たり、秦地已に巴・蜀・漢中を幷せ、宛を越えて郢を有ち、南郡を置く。北は上郡以東を収め、河東・太原・上黨郡を有つ。東は滎陽に至り、二周を滅し、三川郡を置く」は、秦王政の即位時を回顧したものだが、郡名を列挙する中に「上党郡」が含まれ、それが秦王政即位以前の設置であることが知られる。それ以前では、秦本紀「（昭王）四十七年、秦 韓の上黨を攻め、上黨 趙に降る。秦因りて趙を攻め、趙 兵を發し秦を撃ち、相い距ぐ。……四十八年……盡く韓の上黨を有す」とあり、秦は昭王四十七年（前二六〇）に韓の上党を攻め、上党は一旦趙に降ったが、翌年には尽く秦の領有するところとなった。だが荘襄王三年（前二四七）にも秦はなお上党を攻撃している[34]から、郡設置はこの間となるだろう。

・太原郡　前二四七年

秦本紀「（荘襄王）三年……初めて太原郡を置く」より、荘襄王三年（前二四七）の設置。

・東郡　前二四二年

秦始皇本紀「五年、將軍驁 魏を攻め、酸棗・燕・虚・長平・雍丘・山陽城を定め、皆な之を抜き、二十城を取る。初めて東郡を置く」より、始皇五年（前二四二）の設置（以下、皇帝即位以前も始皇某年と記す）。

・潁川郡　前二三〇年

秦始皇本紀「十七年、内史騰 韓を攻め、韓王安を得、盡く其の地を納め、其の地を以て郡と爲し、命《な》づけて潁川と曰う」より、始皇十七年（前二三〇）の設置。

・会稽郡　前二二二年

秦始皇本紀「二十五年……王翦遂に荊の江南の地を定め、越君を降し、會稽郡を置く」より、始皇二十五年（前二二二）の設置。

②本紀以外の部分から設置年を考証しうる郡

『史記』本紀部分に明文があれば比較的信頼しうるとはいえ、無論それ以外の資料から置郡年代を探ることも可能である。すなわち、『華陽国志』が設置年を伝える巴・蜀郡や、『史記』戦国部分の記事から設置年を探りうる河東郡・隴西郡・北地郡・斉郡などである。これらは設置年を確定するまでには至らないが、ある程度範囲を絞ることができる。

・巴郡　前三一六年・前三一四年？

『史記』に巴郡設置を明示する記事は見えない。前掲の『華陽国志』蜀志に従えば周赧王元年（前三一四）、巴志に従えば周慎王五年（前三一六）となる。『水経注』巻三十三江水には、「秦恵王 張儀等を遣わして苴侯を巴に救わしめ、儀 巴・苴の富を貪り、因りて其の王を執えて以て帰り、而して巴郡を置く。江州に治す」とあり、明確な年次は記さないものの巴志と文章が類似しており、かつ巴郡設置を明言する。いま前三一六年・前三一四年のいずれの可能性も考えておき、断じない。

・蜀郡　前三一四年以降

秦による蜀の滅亡は秦本紀「（恵文王更元後）九年、司馬錯 蜀を伐ち之を滅す」によれば恵文王更元後九年（前三一六）となる。だがここには「蜀郡を設置した」とは記されておらず、そのため蜀郡の設置時期を巡って意見が分かれている。後代の資料で蜀郡設置年を明示するのは、まず『水経注』巻三十三江水「秦恵王二十七年、張儀と司馬錯等を遣わして蜀を滅し、遂に蜀郡を置く」があるが、張儀・司馬錯による滅蜀を恵文王二十七年（更元後十四年＝前三一一）とする時点で『史記』秦本紀との齟齬をみるため、これに従う論者はほとんどいない[35]。

次に『華陽国志』巻一巴志は周慎王五年（前三一六）「巴・蜀及び漢中郡を置く」と、巴・蜀・漢中郡が同時に設置されたように記すが、注29に触れたようにこれも編纂を経ている可能性があり完全に信頼はできない。とはいえ、これらの記事から秦は滅蜀以後いずれかの時点で「蜀郡」を置いたことは認められる[36]。

楊寛郡表は、周赧王三十年（前二八五）に蜀侯綰が誅殺され侯国としての蜀が滅びた時点を置郡とみなすが、これは『華陽国志』巻三蜀志「（周赧王）三十年、蜀侯綰の反するを疑い、王復た之を誅し、但だ蜀守を置くのみ」に依拠している。また工藤元男二〇〇六は先行諸説を整理し、「秦が蜀侯綰を誅殺した前二八五年をもって蜀郡の建置年代とするのが、もっとも妥当と思われるのである」とし、結果的には楊寛郡表と同意見となる。その他にも前二八五年を蜀郡設置年代と考える論者は多い[37]。

だが、なお『華陽国志』を虚心に読む余地はあると思われる。漢中郡の項に掲げた蜀志にある通り、蜀侯綰の誅殺ののち、秦は蜀に対して「但だ蜀守を置くのみ」とした。この表現は、明らかにこれ以前に蜀守「以外」が存在したことを含意している。今一度蜀志を見れば、「周赧王元年、秦恵王 子通國を封じて蜀侯と爲し、陳壯を以て相と爲す。巴郡を置き、張若を以て蜀國守と爲す」とあるように、周赧王元年（前三一四）、秦は蜀を滅ぼしたのち、「蜀侯」と「蜀國守」を置いた。この侯・守はそれぞれ封国（封建）・郡（郡県）の長とみなされる[38]。それが郡国并行[39]というほどの内実を具えていたかは不明だが、『華陽国志』蜀志の文脈を素直に追えば、秦治下となった蜀には当初、侯と守が並立し、前二八五年に至りそのうちの一方（蜀侯）が誅殺されたことによって、「但だ蜀守を置くのみ」となった、ということになる。つまりこの表現には、それ以前の蜀侯・蜀守の並立状況が前提されていると見なければならない。とすれば郡の設置自体は早くて前三一四年、蜀に「守」が置かれた時点に遡る可能性は否定できない[40]。確かに前二八五年の「但置蜀守」は、蜀における侯国の廃止と郡制への一本化を示すものではあろうが、そのことはこれ以前に郡が存在しなかったことを意味するわけではない。「蜀」という地域に対して「郡かそうでないか」という二元論を前提にする必要はないだろう[41]。従って、蜀郡設置は前三一四年以降であり、前二八五年には侯国が廃され郡制に一本化されると考えておきたい。ただし、以上の議論はすべて『華陽国志』というより後代の資料が独自に持つ情報に基づいている。

・河東郡　前二九〇～前二六六年

昭王四十一年（前二六六）にあたる范睢列伝の記事「昭王　王稽を召し、拝して河東守と為す、三歳上計せず」が河東郡守の存在を述べることから、前二六六年以前の設置であることは確実であるが、設置年を明示する記事は見られない。ただし前二九〇年、魏が「河東」を秦に献上したことが六国年表・魏世家に見え[42]、楊寛郡表はこれを河東郡の設置年としている[43]。これら上・下限を示しておく。

・隴西郡　前二八〇年以前

隴西郡設置を明示する資料は、前節に掲げた匈奴列伝以外に見られず確証を得ない。馬非百氏に従い[44]、秦本紀「（昭王）二十七年……又た司馬錯をして隴西に發し、蜀に因りて楚の黔中を攻め、之を抜く」によって昭王二十七年（前二八〇）以前と考えるべきであろう[45]。

・北地郡　前二七一年？

北地郡は前節に掲げた、資料的に難のある匈奴列伝から推定する以外に設置年を探る術はない。それは馬非百氏[46]に従えば、昭王三十六年（前二七一）のことである。

・斉郡　前二二一年・前二一三年

田敬仲完世家「（王建）四十四年、……秦　王建を虜え、之を共に遷す。遂に齊を滅して郡と為す」にまず従い、前二二一年と考えるべきだが、『水経注』巻二十六淄水「秦始皇三十四年（前二一三）、齊を滅して郡と為し、臨淄に治す」という説もある。『水経注』を誤りとして『史記』に基づき校訂することには問題があるため（後述）、いま両説を挙げておく。

③専ら『水経注』により設置年が知られる郡

以上に挙げたほかに、『漢書』地理志に「秦置」などと付記され、秦郡であること自体は信用できるものや、『史記』匈奴列伝の語る旧六国の設置で秦郡に吸収された郡などがある。しかしこれらは、当該郡が戦国期に存在したことを伝えるにすぎない。それ以上詳細な置郡年代の情報となると、『水経注』の語る年次に頼らざるをえない。

例えば広陽郡は、他の秦郡とは異なり『漢書』地理志に「秦置」などと注記されておらず、地理志は秦の「三十六郡」に算入していない。ところが『水経注』巻十三漯水には、「秦始皇二十三年、燕を滅し、以て廣陽郡と爲す」とあり、秦郡であることのみならずその年次まで伝えているのである。しかしこれを問題視する意見もあり、鎌田重雄一九六二（三八頁）は、「このような水経洋の中に見える記事は不用意に採用できるものであろうか。史記にも漢書にも見えない広陽郡を水経注に見えるからといって、軽々に採用することは甚だ危険である」と述べる。

さらに『水経注』は校勘の問題も相俟って、その資料価値の判定には一層困難が伴う。例えば遼東郡に関しては、『水経注』巻十四大遼水「秦始皇二十二年、燕を滅し、遼東郡を置き、此（襄平縣故城）に治す」と、燕を滅ぼしたのち始皇二十二年（前二二五）に設置されたとする。しかし、楊守敬・熊会貞『水経注疏』はそれを誤りとして退け、「始皇二十五年」に本文を改めてしまっている。[47] 確かに、秦による燕遼東取得は、秦始皇本紀「二十五年、大いに兵を興し、王賁をして將いて燕の遼東を攻めしめ、燕王喜を得」により始皇二十五年以後となるため、この判断には一理ある。

しかしこれは単純に校勘の問題で片付けられるだろうか。遼東郡が秦郡となった年次について『水経注』が独自の情報を有していたという可能性を排除すべきだろうか。『水経注』本文を『史記』に合わせて校訂するというような操作を行った場合、『水経注』の資料価値は『史記』以上のものになりえない。すなわち秦郡に関して言えば、『史記』秦本紀等を参照して秦の政治的・軍事的動向をつかみ、そこから設置の年代を想定する作業を行っているに過ぎないということになってしまう。

『水経注』にみえる秦郡設置年代を扱うには、右のような資料的問題がつきまとう。そこでまずは本文を尊重し『水経注』そのものが持つ情報として扱うこととしたい。表一に専ら『水経注』のみによって設置年が知られる郡を列挙し、参考として楊守敬・熊会貞『水経注疏』、馬非百『秦集史』の意見を掲げる。

一見すれば明らかなように、設置年は前二三四年以後の戦国最末期に大きく偏っている。それは、これらの郡が統一を目前にして旧六国を滅ぼした際に設けられたものであるからに他ならない。『水経注』の文面も、大部分が斉・燕・趙を滅したことに関連づけて述べられている。[48] このように、『水経注』は前述の資料的問題や、備考に示したような見解の相違があるとはいえ、表内の郡に関してのみ言えば、すべて戦国最末期の十年間程度に集中しているのである。

なお匈奴列伝にも、

而して趙武靈王も亦た俗を變え、胡服して騎射に習い、北のかた林胡・樓煩を破り、長城を築き、代より陰山の下に並《そ》いて高闕に至るまで塞と爲し、而して雲中・鴈門・代郡を置く。……燕も亦た長城を築き、造陽より襄平に至る。上谷・漁陽・右北平・遼西・遼東郡を置きて以て胡を拒ぐ。

と、雲中・雁門[49]（鴈門）・代郡が旧趙郡であったこと、上谷・漁陽・右北平・遼西・遼東郡は旧燕郡であったことが述べられている。

以上、戦国期に設置年代が確認できる郡について考察を加えてきた。本章で検討した郡とその設置年をあ

［表一］　専ら『水経注』により設置年が知られる郡

郡名	年代	出処（『水経注』）	備考
雲中郡	前234	巻三河水「秦始皇十三年、立雲中郡。」	
広陽郡	前226	巻十三㶟水「秦始皇二十三年滅燕、以爲廣陽郡。」	
碭郡	前225	巻二十四睢水「睢水又東逕睢陽縣故城南……秦始皇二十二年、以爲碭郡。」	
漁陽郡	前225	巻十四鮑邱水「鮑丘水又東南逕漁陽縣故城南、漁陽郡治也。秦始皇二十二年置。」	郡治を置いたのみの可能性も。
右北平郡	前225	巻十四鮑邱水「秦始皇二十二年滅燕、置右北平郡、治此（無終縣故城）。」	『水経注疏』：始皇二十一年（前226）
遼西郡	前225	巻十四濡水「秦始皇二十二年、分燕置遼西郡、令支隷焉。……（陽樂縣）遼西郡治、秦始皇二十二年置。」	
遼東郡	前225	巻十四大遼水「秦始皇二十二年滅燕、置遼東郡、治此（襄平縣故城）。」	『水経注疏』：始皇二十五年（前222）
上谷郡	前224	巻十二聖水「（上谷）故燕地、秦始皇二十三年、置上谷郡。」	
代郡	前224	巻十三㶟水「其水東南流、逕高柳縣故城北、舊代郡治。秦始皇二十三年虜趙王、遷以國爲郡。」	『水経注疏』：始皇二十五年（前222）
泗水郡	前224	巻二十四睢水「相縣、故宋地也。秦始皇二十三年、以爲泗水郡。」	
薛郡	前224	巻二十五泗水「周成王封姫旦于曲阜、曰魯。秦始皇二十三年、以爲薛郡。」	
鉅鹿郡	前222	巻十濁漳水「秦始皇二十五年、滅趙以爲鉅鹿郡。」	『秦集史』：始皇十九年（前228）
琅邪郡	前221	巻二十六濰水「句踐并呉、欲霸中国、徙都琅邪。秦始皇二十六年、滅齊以爲郡。」	

らためて表二に示す(50)。

　戦国秦における郡設置過程は、上郡設置（前三二八～前三二四年）から六国併合時の「天下爲三十六郡」（前二二一）まで、ほぼ百年にわたる時間幅を有していることがわかるだろう。ここで指摘しておきたいのは、秦昭王期の後半に当たる前二七八年の南郡設置が、「秦郡史」における転換期とみなしうることである。というのも、それ以前の秦郡は、魏の最西辺（上郡・河東郡）、楚の最西辺（漢中郡）を除き、六国の領域に設置されていない。前半五十年、すなわち昭王期前半までに存在した可能性のある秦郡は、上

［表二］ 本章で検討した郡とその設置年

分類	郡名	設置年
①	上郡	前 328～前 324
	漢中郡	前 312
	南郡	前 278
	黔中郡	前 277
	南陽郡	前 277
	三川郡	前 249
	上党郡	前 260～前 247
	太原郡	前 247
	東郡	前 242
	潁川郡	前 230
	会稽郡	前 222
②	巴郡	前 316・前 314 ?
	蜀郡	前 314 以降
	河東郡	前 290～前 266
	隴西郡	前 280 以前
	北地郡	前 271?
	斉郡	前 221 年・前 213 年
③	雲中郡	前 234
	広陽郡	前 226
	碭郡	前 225
	漁陽郡	前 225
	右北平郡	前 225
	遼西郡	前 225
	遼東郡	前 225
	上谷郡	前 224
	代郡	前 224
	泗水郡	前 224
	薛郡	前 224
	鉅鹿郡	前 222
	琅邪郡	前 221

郡・漢中郡・巴郡・蜀郡・隴西郡・河東郡というわずか六郡（河東郡は排除される可能性もある）にすぎないのである。そして南郡設置を転機として、秦は中原進出の大きな足がかりを獲得し、六国の地に対する郡設置のペースを急激に速めていくのである。南郡設置はまた、百年にわたる統一以前の秦「郡史」をちょうど前後五十年に区切る時間的な中間に位置している。

本章は秦郡と考えうるもの全てを収集したわけではないが、前半五十年に関しては、上記六郡以外が存在した可能性は全く見出せない。前半のわずか六郡という状況が比較的長く続いたことは、秦の兵器銘にみえる「郡守」が上郡に偏っていることと無関係ではないだろう。王輝二〇〇〇に徴するだけでも、郡守造の戈二十二点のうち実に十七点が上郡守造のものである。その一方、南郡設置以後の後半五十年においては、六国併合とその郡県化が完遂され、「三十六郡」が成立する。これを始皇二十六年時点での郡の実数と考えてよいならば、後半五十年において少なくとも三十の郡が設置されたことになる。このように、昭王期後半以降、秦郡は加速度的に増加するが、それはそのまま秦の六国併合のスピードと平行するものである。

従来ともすれば秦郡への関心は、戦国期においてどの郡が存在していたかという考察に偏り、郡の設置状況に関する現実は見落とされがちであったが、以上の考察によって、郡が一定のリズムで増加していったわけではないこと、その大きな変動が昭王期後半に発生するということを指摘できるだろう。郡の性質を検討するには、そうした現実の郡設置状況にも留意する必要があるが、実際にはこの前後五十年において郡制の内部にいかなる変化、発展が生じたのかを現実の郡設置状況と関連づけて論じることは困難である。そこで次に、郡が発生した時期に焦点をあて、郡制が開始することとなった契機という根本的な問題を論じることとしたい。

第三節　郡制開始の契機

「商鞅県制」(前三五〇)に関する『史記』秦本紀等の記述は、県の編成について述べる一方、「郡」には一切言及しない[51]。しかし前節にみたように、前三二八年に「上郡十五縣」が、前三一二年に「置漢中郡」の記述がみえ、複数県を統轄する郡の設置は、商鞅県制から隔たることさほど遠くない時期に確認できる。にもかかわらず、商鞅県制の記事が郡に言及しないのはなぜか。言うまでもなく、それは当時の秦に郡が存在していなかったからに他ならない。とすれば、少なくとも秦においては、商鞅県制の時期からわずか数十年間を隔てて「郡」なる組織が新たに発生したということになる。この事実をまずは念頭に置きたい。というのも、郡制開始の契機はこの間の事情に潜んでいると考えられるからである。

前四世紀後半の上郡設置以前、秦は伝統的に渭水盆地に都城を置き、その周辺、すなわちのちに内史[52]と称される領域を本拠地としていた。そこには商鞅以来整備された県による地方統治が実施されていた。その領域の外部に、大規模な土地としては初めて獲得されたのが上郡であった。秦は魏よりこの複数県に跨る地を得たことで、初めて内史の外部に恒常的な広域支配を施す必要が生じ、そこで郡が設置されたのである。無論それ以前の秦でも、とりわけ魏との抗争において領域の変化はあったが、それは一県単位での領域拡大に過ぎず、そうした漸増的な領域拡大であればそれまでの県制を個別的に拡大させるのみで済んだのだろう。

上郡獲得以来、秦は魏に対してほぼ一貫して優位に立ち、中原進出のみならず巴・蜀・漢中といった地へも領域拡大を続け、そこに郡を設置してゆく。そしてごく当然のことながら、上郡以後の郡もすべて、内史「外」に設置される。のちの行政区域としての内史と郡との区別はここに淵源する。郡の性格を考えるうえで、こうした領域拡大の経緯[53]が持つ意味は十分に評価されねばならない。なぜならば、旧来の領域外部への大規模な領域拡大という経験は、秦以外の国では決して一般的なことではなかったからである。

秦は、六国を統一したというその事実において、「特殊」であった。そしてここに秦の領域支配の特殊性、すなわち郡制の特質を見出すことができる。

それを説明するには他国との比較が必要であろう。まず『韓非子』外儲説左下には、魏の鄴県令となった西門豹の「上計」に関する説話が見られる。

> 西門豹 鄴令と爲り、清剋潔愨、秋毫の端も私利無きなり。而して甚だ左右に簡たり。左右因りて相い與に比周して之を悪る。居ること期年、上計するに、君其の璽を收む。豹自ら請いて曰く、……。

陳長琦一九九七は、鄴令となった西門豹が直接君主に上計している点から、県令が郡を通さず直接に中央と財務上の関係を持っていたと考えている。魏に関して言えば、その通りであろう。しかし氏がさらに進んで、戦国期の郡は自ら財政を行えず、県に対する財政上の監督・査察を行う権限も持たなかったとしている点は同意できない。陳氏は戦国期の郡を地域も時代も特に考慮せず一括して考えているが、それは適切ではない。

　河東郡の存在根拠としてしばしば取り上げられる、范睢列伝「昭王　王稽を召し、拜して河東守と爲す。三歳上計せず」（前掲）は、郡守による上計を示す資料としても注目される。これによれば、昭王期の秦では上計が郡守の職責となっていた。すなわちこのとき、郡守はその属下の県からの上計を取りまとめ、中央に報告する義務を有していたと考えられる。そしてこれは、魏において鄴県令からの上計が郡を通さず直接中央に対してなされていたのとは対照的である。(54)

　このように秦の郡下においては、県から郡、郡から中央へというように、上計が郡を介して行われていた。ところが秦の内史地域に限っては、魏と同様、県から直接中央の官に対して上計がなされていたことがわかっている。上計を担当する中央官とは内史であるが、内史と上計については重近啓樹一九九九（二八二〜二八七頁）が睡虎地秦簡に見えるそれを中心に検討している。それによれば、上計によって県倉の出納状況が県から内史に報告されており、これを始め多様な計簿が上計されていたという。例えば睡虎地秦簡「秦律十八種」簡一七四〜一七六は穀物とまぐさを倉に貯蔵する際、超過や不備などがあった場合の罰則について述べる条文だが、そこに「至計而上廥籍内史（上計の際に穀物倉の帳簿を内史に上呈する）」ことが定められている。また内史と県との関係を示す記述として「秦律十八種」簡一九〜二〇には「今課縣・都官公服牛各一課、卒歳、十牛以上而三分一死、不〔盈〕十牛以下、及受服牛者卒歳死牛三以上、吏主者・徒食牛者及令丞皆有罪。内史課縣、大（太）倉課都官及受服者。（いま県・都官に官有牛について考課すること一度、一年間のうちに、十頭以上の牛を有していてその三分の一が死亡した場合、十頭以下の場合および牛を受給していて一年に三頭以上が死んだ場合、吏の担当者と牛の食事担当、令丞はみな有罪とする。内史は県を考課し、太倉は都官と牛を受給している者を考課する。）」とある。本条は上計ではなく、官有の牛が死んだ場合の処罰について述べる文章だが、県での牛管理を考課するのは内史であったことが知られる。

このように内史は上計などの手段を通じて県への考課・賞罰を行っていた。こうした内史とつながりを持つ県は、関中内に限られたと重近氏は考えており、それはすなわち行政官としての内史の管轄範囲である。この内史と県との上計関係は、内史の外では郡と県との関係へと準用されるという。

ここから明らかになるのは、秦の内史程度の規模であれば、県が行政的に中央と連絡する際、郡などの行政単位を介在させる必要はなく、内史という中央の行政官によって一元的に県を統轄することが可能であったということである。つまり、内史という秦旧来の伝統的領域内においては、その現実の規模から言って、中央所在の（行政官としての）内史によって直接統轄が可能であり、例えば内史「内」の領域を郡に分割編成するなどといった必要性は生じなかったのである。[55] このように領域が内史に止まっている限り、地方に県以上の広域行政単位や行政官を設置する必要は生じなかったのだが、秦は上郡の獲得以来、その領域規模が急速に拡大した。ここに至って行政の効率上、郡を置く必要が生じたという過程が想定されるのである。

一方で魏は、戦国期において対外的にそれほど大規模かつ急速な領域獲得を経験しなかった。本書第二章において指摘したように、魏は前四世紀半ばの恵王期以前、周辺国と領域を交錯させており、恵王期以降ようやく周辺国とのそれを解消しようとする動きが始まり、一円的領域が形成されてゆく。またそれ以後についても、せいぜい周辺の韓などとの領域再編を進行させた程度であり、そのような領域を「郡」なる広域の行政単位へと再編成する必要性がどの程度あったか、またそれが可能であったか疑問である。少なくとも、その必要性は秦に比して著しく低かったと言えるだろう。そのため、先に見たように魏の県は直接に中央に対し上計を行っていたのである。

以上は主として文献史料にみえる上計から魏と秦との制度的相違を指摘したわけだが、これは上計のみならず、兵器製造管理の面でも同様である。既に概観したように、秦では兵器銘文中に県の上級として郡が現れるのに対し、三晋では郡が見出されない点が秦と三晋の重要な相違となっていた。また、秦の内史治下の県においては、相邦や丞相が兵器製造の最高責任者となり、その外部にある郡では郡守が責任者となったことも既に明らかにされている。つまり秦では内史の内外で兵器管理の責任者が区別されていたのである。秦は新たな占領地域として上郡をはじめとする複数県から成る土地を内史「外」に獲得したため、それを統轄する官を設置する必要が生じ、ここにおいて郡守がその管区の県における兵器管理や製造命令を行うという制度が整えられることとなった。しかし一方の三晋においては、兵器製造についても旧来の県単位での管理で問題はなかったゆえに、そこに郡が介在する必要がそもそもなかったものと考えられる。これより類推すれば、韓・趙における上計に関しても、魏と同様に郡を介さないのが基本であったであろう。

以上のように、兵器管理制度・上計制度における秦と三晋との相違は、現実の領域のあり方がダイレクトに反映した結果だと考えられる。郡制は、内史「外」への大規模な領域拡大という、当時の秦にすぐれて特殊な経験が重要な契機となって開始したのである。

ただし青銅兵器等出土資料に関しては、あくまで現時点で三晋の郡・県関係を示すものが未発見であるということに過ぎず、それは必ずしも三晋に郡が「存在しない」ことを意味するわけではない。何より、文献史料にも三晋の「郡」の存在は——秦に比すべくもないが——窺われる。しかし、三晋においては現実の領域規模からして郡を設置する必然性が低かったという説明が正しければ、戦国期における郡とは、従来考えられていた以上に限定的な存在であったと考えるべきではないか。そのことを、次節においては魏郡に焦点をあてて検証してみたい。

第四節　魏の郡

一　魏郡に関する資料とその検証

郡は、旧来の領域外部での広領域の獲得という、当時の秦にすぐれて特殊な事情が契機となって開始したものであったとするならば、直ちに問題となるのが、秦以外における郡の存在である。[56]杜正勝一九九〇（一二四頁）は、魏は戦国初年に上郡を設置して以降、内地では郡を置くことはなかったと述べる。その理由は、魏世家「秦に亡さるる所の者、……大縣數十、名都數百」、穰侯列伝「魏氏 其の百縣の勝甲を悉くして以て大梁を上戍す」のように、魏の勢力がその末年に至ってもなお「県」単位で叙述されているからだという。[57]確かに、戦国末においても「県」を単位として領域を表現することは、魏における郡の存在感の薄さを示唆する点、注目に値する。しかしながら、この事例のみを以て魏では上郡以来郡を置かなかったと結論するのは早急にすぎるだろう。

戦国期の郡を収集したものとして、ここまで参照してきた楊寛郡表は設置年代をも併記するため便利だが、一方で近年出版の楊寛・呉浩坤二〇〇五の「郡県」條（一三五九～一三八七頁）は、大部分楊寛郡表を踏襲しつつ、設置年代こそ明記しないものの、根拠となる資料本文を明示する点においては先行の楊寛郡表より充実している。以下ではこれらを利用しつつ魏郡についての検証を行っていこう。

楊寛・呉浩坤二〇〇五は魏郡として、河西郡・上郡・河東郡・大宋郡・方與郡・上党郡・太原郡の七郡を挙げる。[58]このうちまず河東郡は問題にならない。該書は、馬王堆帛書『戦国縦横家書』第十三章を根拠として挙げるが、そこには「秦 梁の上黨を取れば、韓・梁 從い、以て趙を攻むれば、秦は趙の上地を取り、齊は河東を取らん」とあり、これは趙の河東を指し、明らかに魏の河東とは無関係である。[59]

上党郡の根拠は、同じく馬王堆帛書『戦国縦横家書』第十三章の「秦取梁之上黨」の部分が掲げられているが、この資料は上党が郡であることを一切記さず、積極的な根拠とは見なし難い。太原郡についても同じ理由が当てはまり、根拠とされている『戦国策』東周策「周最 金投に謂いて曰く、……秦 韓・魏の上黨を盡くさば、太原の西は秦の有ならんのみ」[60]は、単に地名として太原（と上党）を並列するに過ぎない。

次に河西（西河）郡だが、楊寛・呉浩坤二〇〇五は、匈奴列伝「魏 河西・上郡を有ち、以て戎と界邊す」を根拠としている。匈奴列伝のこの部分は前述の通り実録的な記述とは考えがたく、後世の認識から戦国魏の地勢を回顧的に述べたものであろう。しかも「上郡」と並列されているとはいえ、「河西」なる地名のみによってこれを郡の設置とみなすのは困難である。そもそも「河西」は一般的な地名であって、秦本紀「（恵文君）八年、魏 河西の地を納む」すら、「河西郡」設置をいわない。ある広がりを持つ地域を指す地名であることには違いないが、これだけでは「郡」が設置されたとする根拠となりえない。

一方、これとは別の観点からも河西（西河）は郡と判定されることがある。楊寛郡表では孫子呉起列伝を根拠としており、内容を明記しないがおそらく「文侯 呉起の善く兵を用い、廉平にして盡く能く士心を得るを以て、乃ち以て西河守と爲し、以て秦・韓を拒ぐ」という部分に基づいたものであろう。同じく呉起が魏武侯のもとで西河守となったことは『韓非子』にも見える。[61]このように、呉起が河西（西河）の「守」となったことから、これも魏郡の一つに数えられることが一般的である。しかしながら、これらは「守＝郡守」という前提のもとに魏郡であると判定されてきたのであるが、実際にはこの前提を検証しない限り、郡の資料としては扱えない。にもかかわらずこの点はこれまでほとんど看過されてきた。後述するように、秦以外の「守」は一般的な軍事長官以上とは思われず、行政機構としての「郡」とは別個に扱うべきである。

次に魏の上郡の存在を示唆する資料は、大部分が魏から秦へ献上される際の記事である。[62] それらは既に、本章第二節において秦郡を検討する際に示した。秦に編入された時点で「上郡」との名称を有していても、それ以前すなわち魏地であったときから「郡」として機能していたかは別問題であり、検討の余地があるが、そもそも上郡は秦に献上される以前、魏地としてはほとんど資料に登場しない。先述の匈奴列伝「魏有河西・上郡、以與戎界邊」以外では、秦本紀に、

孝公元年、河山以東の彊國六、齊威・楚宣・魏惠・燕悼・韓哀・趙成侯と並ぶ。淮泗の閒の小國十餘。楚・魏は秦と界を接す。魏 長城を築き、鄭より洛に濱し、以北は上郡を有つ。楚 漢中より南、巴・黔中を有つ。周室微え、諸侯政に力め、争いて相い併す。秦は雍州に僻在し、中國諸侯の會盟に與らず。夷翟もて之を遇す。

とある。これは秦本紀の孝公年間冒頭に位置する記述だが、その他の部分が淡々と大事記的に年次・事件を列挙するのみであるのに対し、この部分は一見して異質と言えるほど雄弁である。これは、秦がいかに僻地にあったかを強調することで、後続する「孝公 是において布恵し、孤寡を振《すく》い、戰士を招き、功賞を明らかにす」という孝公の業績と人材募集の下令を導くための装飾という性質が濃いと思われる。従ってこれもおそらくは孝公元年（前三六二）の形勢を回顧的に追記したものであろう。ただ魏に上郡という「地域」があったことは確かである。[63] しかしそれを統轄するような「郡」なる行政機構がこの上郡においても存在したかは確認できない。要するに、秦に献上される以前の上郡の実態はほとんど知られないのである。このように、魏の上郡はほぼ秦との関係においてのみ資料に登場する。このことは、上郡は秦に入ってから初めて「郡」としての機構を備えるに至ったことを推測させる。さらに上郡守製造の武器は今のところ秦のものし

か発見されておらず、魏地としての上郡は、行政機構の実態を備えていたとは考えにくい。

なお、楊寛郡表は、李悝が「魏文侯上地之守」となったこと（『韓非子』内儲説上）[64]によってこれを魏の「上郡」の根拠としている。上地と上郡が同じか検証の余地があるが、いずれにせよこれも「上地」に「守」が置かれたことを示す以上のものではない。

例外的に「郡」と明示されるのが、大宋郡・方與郡である。楚世家に、

還りて圉の東を射、魏の左肘を解き、而して外に定陶を撃たば、則ち魏の東外は弃れ、而して大宋・方與の二郡は舉がらん。

とある。これは楚頃襄王十八年（前二八一）、ある楚人が頃襄王に対中原戦略を講ずる説話の一節である。曰く、楚が魏に対してまず大梁東方にある圉（河南省杞県南）の東を伐ち、さらに定陶（山東省定陶県）にまで侵攻すれば、魏の東部は解体し、「大宋・方與二郡」を取得できるだろう、と。実際の魏の東辺進出の具体的過程については、滅宋の際、魏は斉・楚とその故地を三分したと宋微子世家に見える。その記事の信頼性には問題が指摘されているが[65]、滅宋以後、魏が故宋地に領域を拡げたことは確かであろう。そこに方與・大宋の二郡が含まれると考えられる[66]。それならば、対外的な領域獲得を契機とする郡設置という点で、秦郡との相似性を指摘することができる。

以上の検討に拠れば、文献史料によって戦国魏郡の存在を確実視できるのはわずかにこの方與・大宋のみに過ぎない。これらは魏地としては上記楚世家の楚頃襄王十八年（前二八一）にようやく初見することから、魏郡は少なくとも前四世紀以前には遡れないことになる。

このように、これまで魏郡と考えられてきたものは、資料根拠を再検討すれば、大部分が根拠の著しく弱

いものであった。いま他国の郡については詳論しないが、同様に資料根拠に厳密を期して検証すれば、従来考えられていたよりは限定的な存在であることが指摘できるだろう。そして方與郡・大宋郡は、魏において は例外的に、故宋地という「外部」に突然得られた新たな領域であった。すなわち、郡の設置は対外的な領域拡大が根本的な契機となっていたということが、ここからも支持されうるのである。

楊寛氏はかつて、郡が県を統轄する制度は三晋に始まり、秦・楚・燕はこれに倣ったと述べた（楊寛二〇〇三b、二二八頁）。しかしながら、本節で述べたように魏において秦に先行する郡の存在を想定することは困難である。唯一、上郡にその可能性があるが、戦国中期まで一貫して魏の領域内にあったこの地域を、魏が進んで「郡」に再編成する必要性は想定しがたい。郡制開始の契機は対外的な領域拡大にあり、そのため魏が戦国初・中期までに郡制を開始する必然性はほとんどなかったと考えられる。

二　「守」と「郡守」

最後に、「守」を「郡守」の意味で捉えてよいのかという問題についていささか紙幅を割いておきたい。ここまで取り上げてきた魏の「守」は、比較的広域の地を統轄する軍事長官の存在を表すものではあっても、秦と同様な行政機構としての郡を示すかどうか疑わしい。上記の通り従来の研究においては、「西河守」呉起や「上地守」李悝の存在を以て、魏に「西河郡」「上地郡（上郡）」があったと主張されてきた[67]。それは顧炎武『日知録』巻二十二「郡県」がこの図式を提示したことに始まるが、それ以降はほとんど無批判に踏襲されてきた[68]。無論、これは『漢書』百官公卿表に「郡守 秦官なり。其の郡を治むるを掌る」云々とあるのを戦国期に遡って適用し、「守＝郡守」とみなす故である。ただやはり「上郡十五縣」「置漢中郡」といった固有名をもつ郡が秦本紀等に頻見された一方で、「守」のみしか確認できない西河や上地に関して、「西河郡」「上地郡」といった郡名が資料上一切確認できないという事実は無視しがたい。

これまで、この「守」を無批判に「郡」と同義に捉えるという手続きによって、専ら「郡」の性格が導かれてきた。確かに「守」は、注（61）・（64）に掲げた呉起や李悝をめぐる説話にも明らかなように、軍事長官的な存在であるが、これを「郡」の「特別軍政地域」・「軍区」的性格を表すものと捉える従来の説は、資料根拠の点でかなり危険な手続きを経ていると言わざるを得ない。そうした学説はむしろ「守」の性格を捉えたものとは言えても、「郡」の性格には直接結びつかないのである。「守」が郡の長官としての「郡守」に専用されるようになった時期や地域は確定しがたいが、『漢書』百官公卿表による限り、秦以外については「守」＝「郡守」と判断することの必然性は存在しない。

このように「守」は必ずしも「郡守」の専称とは言えない(69)。「守」を「郡守」とみなすのは秦漢の制度に基づいた認識であって、少なくとも戦国期の東方六国に関しては、「守」を無理に「郡」ないし「郡県制」の文脈に引きつけるのではなく、「守」そのままの存在として捉えるべきと考える。

遡れば『左伝』僖二十五「晉侯　原守を寺人勃鞮に問う」とある「原守」は、「原大夫」や「原縣」が『左伝』にみえる通り、疑いなく晉「県」のひとつであった。ここの「守」もやはり、地方の軍事長官程度の意味に解するべきであり、そうした一般的な意味での「守」が、「郡」の存在とは無関係に存在していたことをこの例は表している。複数県を統轄する「守」的な存在としていま一度『左伝』に例を取れば、哀四「陰地之命大夫士蔑」の「命大夫」は、それに対する正義「陰地なる者、河南山北、東西横長にして其の間は一邑に非ざるなり」との説明の通り、「一邑」以上の防衛を担当する者であった(70)。つまり、ここには一定数の県（邑）を含む比較的広域の区画と、それを統率する者の存在が確認されるのである。このように、「守」を必要とするような「広域」――「一県」にとどまらないという意味で――の、主に軍事目的からする地域圏が、「郡」の設置を待たずとも成立しえたことが指摘できる。

「守」は本来、郡とは無関係に存在していたわけだが、従って当然、「守」の統率する地域が、秦郡のごとき行政機構に編成されていたと想定することはできない。先にも触れた通り、資料から窺えるのは「守」が当地の軍事指揮権を有していたらしいことだが、文献から三晋におけるそうした「守」の存在が確認できても、出土資料を用いた研究が明らかにしてきたように、県の上級の何らかの機構が兵器製造に関与していた形跡は見られない。これは、秦と三晋との郡制の相違や県の自律性などとして説明するよりも、むしろ三晋ではそもそも郡があまり設置されていなかったことを反映していると考えるのが適切なのではないか。「守」は「郡守」と本来別個の存在であったと考えれば、三晋におけるそれが秦の「郡守」のごとく上計や兵器製造を管轄するものとして登場しないのも当然であろう。このように考えれば、「守」は本来軍事目的で広域を統率する長官に過ぎず、行政機構としての実態を有さない存在であったと自然に説明できる。

ここでいま一度、戦国期の郡には「特別軍政地域」・「軍区」など軍事に特化した存在、行政機構としては未成熟[71]などといったイメージが賦与されていたことを想起したい。こうしたイメージは実のところ、「守」の資料に大きく依存して導き出されたものであった。軍事長官たる「守」を見れば、そうした軍事機能の強調は必然的な結論と言えるのだが、以上に述べてきたように、そのイメージを行政機構としての郡にそのまま適用することはできない。これまでの「郡」観は、「守」の資料に多くを負いすぎていたのである。この観点からも、戦国期の郡が行政機構として未成熟であったという認識は修正されるべきであろう。

小結

「郡県乃六国之通制矣」とは斉思和一九三八の言であるが、このように戦国期に「郡県」の制度が全「中国」的に整備されたという観念は根強い[72]。しかしそれは強く秦の側に立脚した目線であって、郡が秦特有の背景において開始したことはこれまで注意されてこなかった。戦国中期以降に大規模な領域拡大を経験した秦と、比較的変化の少ないその他諸国とでは、遠隔地支配の状況も異なって当然である。本章ではその実例を郡制に見出して論証を行ったが、秦と魏を中心に論じたため、楚や趙・韓・燕など他の東方諸国については詳細に検討していない。しかし、領域の現実のあり方が遠隔地支配の制度たる郡制の性質に深く関わっていたこと、それが決して戦国諸国に一様なものではないという認識は、秦・魏以外を検討する際にも重要な出発点となるだろう。

こうした地域間の差異と領域の現実を意識する視点は、これまでの郡制研究において相当に稀薄であった。この問題に関連して付言しておきたいのが、春秋期の郡と戦国期のそれとがうまく結びついていないことについてである。本章第一節で述べた「県大而郡小」から「郡大而県小」への変化について、従来の認識では、戦国期以降次第に郡が繁栄し始め県を統轄させるようになった[73]などと、ほとんど実証抜きに漠然としか説明されてこなかった。しかし本章の所見に従えば、戦国期の郡制は、秦の領域拡大という「特殊」な事情で前四世紀末に突如として開始したものであった。従って、確かに春秋期にも「郡」なる単位自体は確認できるとはいえ、それが次第に変化して県を管轄下に置くような存在となるという過程を想定するよりも、むしろそれらは全く別個の存在で、時代的な継承関係は存在しないと考えるのが妥当である。

青銅兵器銘文や秦簡などの出土資料によって戦国期の「郡県」に関する我々の認識は大きく変化した。例えば兵器銘文からは戦国中期以降の実相を窺うことができ、それは戦国秦・三晋の兵器製造・管理制度の相異という重要な知見をもたらした。また睡虎地秦簡は、内史と県の関係等、秦における地方支配の実態を映すものであった。本章はそれらを用いた研究の成果に多くを負っている。しかし、文献に基づく研究の根幹たる資料根拠にまで踏み込めば、依然として多くの問題が残されていたことが本章の検討により明らかとなったであろう。本章の試みは新出資料を縦横に駆使する類のものではないが、文献史料の執拗な再検討がなお無意味ではないことを示しえたとすれば幸いである。

[注]

（1）『通典』巻三十三、職官十五、県令「春秋時、列國相滅、多以其地爲縣、則縣大而郡小……至於戰國、則郡大而縣小矣。」

（2）なお『説文解字』大徐本・小徐本ともに後続の文を「上大夫受郡、是也」としており、これだと「郡大而縣小」となってしまうが、段玉裁『説文解字注』の言う通り「上大夫受縣、下大夫受郡」の誤りとみなすべきであろう。

（3）例えば『戦国策』秦策二「宜陽、大縣也。……名爲縣、其實郡也」の呉師道注が引く呂祖謙『大事記』「春秋時郡屬於縣、趙簡子所謂上大夫受縣、下大夫受郡是也。戰國時縣屬於郡、所謂上郡十五縣者是也。」など。

（4）『惜抱軒全集』文書巻二、郡県考「趙簡子之誓曰、上大夫受縣、下大夫受郡。郡遠而縣近、縣成聚富庶而郡荒陋、故以美惡異等而非郡與縣相統屬也。」

（5）鎌田重雄一九五三（三三頁）は、「県」は国内の繁栄地にあるもの、「郡」は辺境の危険な地域にあるものと捉え、春秋期における県と郡の価値の差を説明している。統属の有無に言及はしないが、姚鼐説に通じる見解である。

（6）陳長琦一九九七は、郡は辺境ゆえに人口が少なく価値が低かったとする主張には根拠がないと批判している。筆者もこの意見に同意する。

（7）厳耕望一九九〇は「県大郡小之説不足信」と、「県大而郡小」の存在を完全に否定するが、一応の史料根拠はあるのだから一蹴するわけにもいかない。

（8）『国語』晋語二「（晋公子夷吾）退而私於公子縶曰、……亡人苟入、掃宗廟、定社稷、亡人何國之與有。君實有郡縣、且入河外列城五。」

（9）秦始皇帝以前に「郡」が存在したこと自体は、顧炎武『日知録』巻二十二郡県、趙翼『陔餘叢考』巻十六郡県の指摘が有名であり、鎌田重雄一九五三を始め郡県制の起源を論じる際にはそこから説き起こされることが多い。しかし、だからといって清朝以前に先秦時代の「郡」の存在に注意する者がいなかったというわけではない。本論に示したように春秋期以来の「郡」の形態についての議論は、『国語』や『左伝』の注釈者によっても延々となされてきたのである。

(10) 重近啓樹一九九九に見られるように、従来の漢代史研究では郡の権限が前漢中期以後に強化されるとされ、前漢中期以前の郡は未成熟とされていた。ところが近年の資料増加とりわけ張家山漢簡「二年律令」の出現によってこうした認識には疑問が呈され、漢初以来既に郡が強大な権限を有していたことが指摘されている（山田勝芳二〇〇二）。その内実は今後も追究してゆく必要があるが、前漢以前の郡も過小評価すべきでないことは明らかであろう。

(11) 藤田勝久二〇〇五（五五六頁）はさらに「畿内―県を結ぶ社会システムや、地方の郡―県という広領域の軍事編成を達成した社会システム」に着目し、三晋に対する秦の独自性をも指摘している。

(12) 角谷定俊一九八二は、銘文上、郡においては最高責任者が郡守であるとはいえ、中央の監督を受けたであろうことを推測している。この見解を裏付ける資料として、「九年相邦呂不韋戟」が挙げられよう。そこには「九年相邦呂不韋造、蜀守金、東工守文居戈三成都」とあり、「相邦―郡守」の系統が見られる。当該戟については王輝二〇〇〇（一〇三頁）を参照。

(13) 角谷定俊一九八二が提示した、内史の「工官嗇夫・県令・内史・相邦」という工官体系については注意を要する。郡下の県では郡守が兵器督造者であったことが兵器銘文から明らかであるのとは異なり、内史管轄下の県では、銘文自体に「内史」は登場せず、督造者は相邦・丞相である。角谷定俊一九八二は青銅兵器以外に睡虎地秦簡をも用いて工官の上位に県令・内史が存在すると推定したが、青銅兵器銘文において内史が兵器督造者として名を連ねていないことの意味についてはなお検討の余地があるだろう。

(14) 関連研究は枚挙に遑ない。総括的な研究として譚其驤一九八七（初出一九四七年）、鎌田重雄一九六二を、近年のものとして、辛徳勇二〇〇六、后暁栄二〇〇九第三章を挙げておく。

(15) 后暁栄二〇〇九第三章は、近年出土の封泥や兵器銘文等を利用し、秦郡を網羅的に考証している。

(16) 里耶秦簡所見の郡名については陳偉二〇〇三、周振鶴二〇〇五を参照。

(17) 嶽麓書院蔵秦簡の郡名については陳松長二〇〇九、王偉二〇一〇を参照。

(18) 馬非百一九八二（五八〇頁）によれば、秦昭王三十六年（前二七一）のことである。

(19) ただしそもそも江村氏の関心は、秦の置郡が三晋都市を避けていることを示すことによって三晋都市の抵抗力の強さを説明するという点にあった。上に指摘したような問題点は、氏の論旨に直接影響するというものではない。

(20)『史記』中の資料根拠はここに挙げる本紀のみとは限らず、世家や列伝にも本紀と重複して郡設置を述べる場合もあるが、ここでは繁雑を避け、問題の無いものについては本紀のみを挙げた。

(21) 本章は魏紀年に言及する際、楊寛二〇〇三b附録「戦国大事年表」に従う。

(22) 楊寛郡表は、前三二八年の魏から秦への上郡献上、前三〇八年の上郡設置という経緯の中間に、さらに前三一二年に魏が上郡を尽く秦に献上したことを想定しているが、これは何らかの勘違いであろう。その根拠は秦本紀・魏世家にあると言うが、まず秦本紀に該当記事は見当たらない。また魏世家は「襄王……七年、魏盡入上郡于秦」が該当するのであろうが、この魏襄王七年は楊寛氏の紀年では魏恵王更元七年（前三二八年）に当たり、秦本紀恵文君十年の上郡献上と年が一致する。おそらく楊寛氏は魏世家の「（襄王）七年」を氏の紀年における襄王七年（前三一二年）そのままに読んでしまったのであろう。なお楊寛二〇〇一（四二六頁）では当該魏世家の記事を前三二八年に正しく繫けている。

(23) 以下『水経注』のテキストは陳橋駅二〇〇七によるが、句読を改めた部分がある。

(24) なお膚施の帰属に関して、『史記』趙世家「（恵文王）三年、滅中山、遷其王於膚施」とあり、趙恵文王三年（秦昭王十一年、前二九六）の時点では趙地であったことになる。秦昭王三年（前三〇四）に上郡治が置かれた後にも、秦と趙との間で帰属が何度か変わったのかもしれない。また黄盛璋二〇〇一は、秦の上郡治は当初膚施だったが、のちに高奴に移った可能性を指摘する。

(25) ほかにも楚世家「（懐王）十七年春、與秦戰丹陽、秦大敗我軍、……遂取漢中之郡」、樗里子列伝「明年（秦恵文王二十六年）、助魏章攻楚、敗楚将屈丐、取漢中地」に秦による漢中取得が記され、ともに前三一二年である。なお漢中郡の地望と秦郡設置前後の経緯については久村因一九五六に詳しい。

(26) 劉琳一九八四（一九二～一九六頁）の校勘に従う。

(27) なお『華陽国志』巻二漢中志「周赧王三年、秦恵文王置郡、因水名也」は版本によっては「周赧王二年」に作るが、一般に『史記』秦本紀・六国年表に基づき「周赧王三年」と校訂される。劉琳一九八四（一〇四頁）、任乃強一九八七（六一頁）参照。

(28) 劉琳一九八四（三二一～三二三頁）。

(29) 巴志と蜀志とを比較すると、秦による滅蜀を周慎王五年に置く点では共通する。しかし郡設置の経緯については、巴志が滅蜀に続けて巴・蜀・漢中郡の設置を周慎王五年にまとめて述べる一方、蜀志は赧王元年の巴・蜀郡設置、赧王三年の漢中郡分置とやや詳しく記す。このことは蜀志がより古いテクストの原貌を保っていることを推測させる。巴志が簡略なのは、より多くの編纂を経たためではないだろうか。この点からもやはり蜀志の記述に信を置くべきと考えられる。

(30) 王輝二〇〇〇（六四頁）。

(31) 始皇二十七年（前二二〇）の紀年を持つ里耶秦簡⑯5Aに、「今洞庭兵、輸内史及巴・南郡・蒼梧、……」とあり、巴郡・南郡・蒼梧郡が並列されている。湖南省文物考古研究所編二〇〇七（一九二頁）参照。

(32) 「巫黔□邸」などの「巫黔郡」の存在を示唆する封泥が出土しており、后暁栄二〇〇九（七三～七四頁）はそれを黔中郡に同定する。

(33) なお『水経注』巻三十七沅水「秦昭襄王二十七年、使司馬錯以隴蜀軍攻楚、楚割漢北與秦、至三十年、秦又取楚巫黔及江南地、以爲黔中郡」も昭王三十年の黔中郡設置を述べ、『史記』と一致する。

(34) 秦本紀「（荘襄王）三年……王齕攻上黨」、六国年表・秦荘襄王三年「王齮擊上黨」、同韓桓恵王二十六年「秦抜我上黨」、韓世家「（桓恵王）二十六年、秦悉抜我上黨」。

(35) 銭穆一九八二が例外的に『水経注』江水に従っている。

(36) 秦本紀には「（昭王）三十年、蜀守若伐楚、取巫郡及江南、爲黔中郡」とあり、昭王三十年（前二七七）の時点でようやく「蜀守」が確認され、蜀郡設置の傍証となる。また伝世品の「卅四年蜀守戈」は、秦昭王三十四年（前二七三）のものとされる。王輝二〇〇〇（七五頁）参照。

(37) 孫華二〇〇〇（三七五頁）は、前三一六年に「蜀国守」を置いたとする『華陽国志』の記事自体を疑問視している。その根拠として、①秦は蜀地に侯を封じ、相を置いて蜀侯を監視させているのに、さらに「蜀国守」を置く必要があるか疑問、②蜀志が「置巴郡」のあとに巴郡守について言わず、蜀国守にのみ言及するのは、行文上道理を失している、③蜀国守を置いた後、蜀侯の叛乱が数度発生しているのに、『華陽国志』にも『史記』にも蜀守の関与が見えないため蜀守の存在が疑われる、との三点を挙げる。さらに「蜀守」張若は蜀侯綰の反乱（前二八五年）の際ようやく蜀に派遣されたのであり、蜀郡もこのとき置かれたとみなす。こうして氏は前二八五年以前に「蜀守」が存在したことを疑うことにより蜀郡の設置を前二八五年に降らせるのだが、『華陽国志』の本文自体を否定するわけにはいかないだろう。

(38) 「蜀国守」が「蜀郡の郡守」に当たるのか疑問が残るが、後文の「但置蜀守」が校勘上とくに問題視されていないため、いずれにせよここで「侯」と「守」の並立状態が生じたと考えるのが妥当である。なお、劉琳一九八四（一九四頁）は「蜀国守」を郡守とみなす。一方、任乃強一九八七（一二九～一三〇頁）は「国」を衍字とするが、それは滅蜀後に郡県・侯国が並置されたという独自の意見を優先させたものであり、版本の校勘等に基づく見解ではない。

(39) 馬非百一九八二（六一〇頁）など。

(40) この意見は結果的に馬非百一九八二（六一〇頁）とほぼ同様となる。だが馬非百氏の根拠は『史記』太史公自序「(司馬錯)因而守之」の「守」を郡守とするもので、工藤元男二〇〇六に批判がある通り、これは単に「まもる」の意であり、郡守と考えることはできないため従えない。

(41) 秦武王二年（前三〇九）の紀年をもつ青川木牘に記された田律は、郡設置を前二八五年とする論者にとっては、郡制施行以前の侯国（蜀）の領域内で秦律が施行されたことを示すものとなることから注目されている。これについては渡邉英幸二〇一〇（三七八頁注49）において関連の議論とその問題点が指摘されており参考になる。なお本論のごとく、蜀郡が前三一四年以降すでに成立していたと考えれば、そこで秦律が施行されることには何ら問題はない。

(42) 六国年表、秦昭王十七年「魏入河東四百里」、魏世家「(魏昭王)六年、予秦河東地方四百里」。

(43) 馬非百一九八二（六六一頁）は、秦本紀「(昭王)二十一年、錯攻魏河内、魏獻安邑、秦出其人、募徙河東、賜爵、赦罪人遷之」を引き、河東郡設置を昭王二十一年（前二八六）と見なすが、前注に挙げた六国年表・魏世家の記事に言及しない。なお、その直後の秦本紀「(昭王)二十二年、……河東爲九縣」に、河東郡下の県を再編したことが見える。

(44) 馬非百一九八二（五八三頁）。

(45) 隴西郡設置はこのほか、『史記』匈奴列伝もしくは『水経注』に拠る議論もある。匈奴列伝は先に触れた通り、設置年代を示す史料としては扱い難い。『水経注』巻二河水「(濫水)又西北逕狄道故城東……漢隴西郡治、秦昭王二十八年置」によれば昭王二十八年（前二七九）の設置となるが、秦本紀と矛盾する。このほか、「二十六年□□守戈」は「昭王二十六年」に「隴西守」によって作成された可能性があるが、「守」の前二文字は釈字に問題があり、さらに「二十六年」がどの君主に当たるかについても定論がない（王輝二〇〇〇、七二～七三頁参照）。いま参考として掲げるにとどめる。

(46) 馬非百一九八二（五八〇頁）。

(47) 楊守敬・熊会貞一九八九（一二六七頁）。また馬非百一九八二（六五六頁）も同じ。これに対して、陳橋駅二〇〇七があくまで版本どうしの校勘に止めて本文を改変しないことは該書の見識を示すものというべきであろう。

(48) 表一は『水経注』所見の秦郡を網羅したわけではなく、抽出の対象は『水経注』以前の資料から設置年に関する情報が得られないもの、すなわち『水経注』が独自の情報を持つもののみである。『水経注』にみえる秦の置郡年とその資料的性質については別の機会に検討を加えたい。

(49) 雁門郡は『漢書』地理志で「秦置」とされるものの、設置年代は知られない。

(50) 久村因一九五五は、「上庸郡」が秦昭王三十四年（前二七三）に置かれ、始皇帝二十六年（前二二一）におそらく漢中郡に合併されたことを論ずる。これは秦本紀、昭王三十四年「秦與魏韓上庸地爲一郡」の記事を疑問視し、これを「秦與魏親、以上庸地爲一郡」と校訂したうえでの指摘である。字句の変更を伴う論証のため、参考として掲げるに留めたい。

(51) このこと自体は厳耕望一九九〇（四頁）、杜正勝一九九〇（一一三頁）が既に指摘している。

(52) 秦の内史が行政官となる以前において、その管轄区域を「内史」と称するのは厳密に言えば適切ではない。しかし行論上、郡との対比からも内史の語が適当と思われるので差し当たり内史の称を用いる。行政官としての内史が県を統轄する構造を藤田勝久氏は「内史—県制」と称し、これが戦国中期以降に整備されることを指摘する（藤田勝久二〇〇五第一編第一章、第二章）。内史が地域名にも用いられるようになるのはそれが行政官化したのち、それも上郡設置以降と思われるが、より明確な時期ははっきりしない。今のところ確実な資料としては、注31に掲げた始皇二十七年（前二二〇）の紀年を持つ里耶秦簡があり、そこでは内史と諸他の郡が並列され、既に地域名となっていたことがわかる。森谷一樹二〇〇六にも指摘されるように、この統一期において内史と郡の職掌には重なる点があり、それらが並列されえたことが明らかになった。さらに嶽麓書院蔵秦簡にも内史と郡との並列が確認できる（陳松長二〇〇九）。

なお内史地域の呼称に関連して、工藤元男一九九八（四七～四八頁・一七九～一八〇頁）は、内史が京師を治める官となる以前、内史はあくまで官名でしかなく、のちの行政区域としての内史にあたる地域は、睡虎地秦簡に散見する「邦中」と呼ぶべきと考えている。さらにこれは文献史料にみえる「国中」と同じであり、『周礼』秋官郷士の注（鄭司農云、謂國中至百里郊也。玄謂、其地則距王城百里内也。言掌國中、此主國中獄也。六郷之獄在國中）によれば王城から百里以内の地域を指すとし、昭王以降、六国統一以前においてはこの「邦中（国中）」こそが「王畿」または「京師の地」であり、これがのちの内史にあたる地域の呼称であったと主張している。

しかしこの見解は支持できない。行政区域としての内史が「王畿」に当たるとしても、これと「邦中」とが一致するかは別問題である。すなわち「邦中＝王畿」とする根拠が存在しないのである。

行政区域としての内史は、その外部に設置される郡と同格であり、複数の県を下属させる広域の地である。一方で経籍に見える「国中」（＝邦中）は王城の周囲百里とされるが、工藤氏はこれを「王畿」と考えている。しかし方百里といえばこれは漢代の一県の規模でしかない（『漢書』百官公卿表「縣大率方百里」）。従って睡虎地秦簡の「邦中（国中）」は、国都周辺百里、つまり都城たる咸陽一県の管区を示すと解すべきである。この点、睡虎地秦墓竹簡整理小組一九九〇（四四頁）が「邦中」を「指都邑」と解釈しているのは首肯できる。なお、同じく『周礼』においては「王畿」は方百里ではなく方千里であり（『周礼』夏官職方氏「乃辨九服之邦國、方千里曰王畿……」）、ここからも「国中（邦中）」が「王畿」に一致していないことがわかる。

なお、漢初「二年律令」においては内史が掌管する地域を「中」と称しており、郡と対比されていた（森谷一樹二〇〇六）。この呼称が秦代に遡れるかどうかは今のところ不明である。

(53) 春秋期以来の秦の領域の変遷については、藤田勝久二〇〇五第一編第二章を参照。

(54) 戦国期の上計に関するこうした相違は、厳耕望一九九〇（二五八頁）に既に指摘がある。その他戦国期の上計については楊寛二〇〇三b（二一七頁）も参照。

(55) 藤田勝久氏は、鄭国渠の開鑿のごとき大規模事業は、複数県を統轄する機構の存在を前提としていると推定しており、ここに内史の整備を読み取っている。藤田勝久二〇〇五第一編第一章参照。

(56) 楚については包山楚簡に「郡」がみられないことが注目されるが、陳偉一九九八bのように、間接的に「郡」の存在を立証しようとする試みもなされている。

(57) なお杜正勝一九九〇は韓についても、前四世紀末まで郡が県を統轄する制度は存在しなかったとしている。

(58) 楊寛・呉浩坤二〇〇五（一三八二〜一三八四頁）。なお楊寛郡表には上党郡・太原郡は含まれていない。

(59) なお楊寛郡表では根拠を挙げず魏に河東郡の存在を想定していたが、これには宓三能一九九一の批判がある。

(60) 東周策のこの部分は字句の誤りが指摘されているが、ここでは諸祖耿二〇〇八（三三頁）の意見に従った。

(61) 『韓非子』内儲説上「呉起爲魏武侯西河之守、秦有小亭臨境、呉起欲攻之。不去則甚害田者、去之則不足以徴甲兵。於是乃倚一車轅於北門之外而令之曰、「有能徙此南門之外者賜之上田上宅。」人莫之徙也。及有徙之者、還、賜之如令。俄又置一石赤菽東門之外而令之曰、「有能徙此於西門之外者賜之如初。」人争徙之。乃下令曰、「明日且攻亭、有能先登者、仕之國大夫、賜之上田宅。」人争趨之、於是攻亭、一朝而拔之。」

(62) 本論第二節、上郡の項に掲げた秦本紀のほか、『史記』では、六国年表、秦恵文君十年「魏納上郡」、同、魏襄王七年「入上郡于秦」、張儀列伝「(秦恵文君十年) 儀因説魏王曰、秦王之遇魏甚厚、魏不可以無禮。魏因入上郡・少梁、謝秦惠王」といった事例がある。

(63) 杜正勝一九九〇（一二三頁）は秦本紀のこの部分を掲げ、秦孝公元年以前から魏が上郡を置いていたとし、さらには郡が「戦国初期の魏国」において開始したとみなす。

(64) 『韓非子』内儲説上「李悝爲魏文侯上地之守、而欲人之善射也、乃下令曰、人之有狐疑之訟者、令之射的、中之者勝、不中者負。令下而人皆疾習射、日夜不休。及與秦人戰、大敗之、以人之善射也。」

(65) 宋微子世家「王偃立四十七年、齊湣王與魏楚伐宋、殺王偃、遂滅宋而三分其地。」これに対し、梁玉縄一九八一（九八六〜九八七頁）は、滅宋は斉が主体であるとし、この記事に見える魏・楚の関与を否定する。このことはまた楊寛二〇〇三b（三八九頁・三九六頁）にも指摘されている。さらに楊寛郡表では大宋・方與の二郡について、まず斉が故宋地を占領したのち、これを魏が攻略したものと推定している。

(66) 方與は魏郡となった後、再び楚の有に帰した形跡がある。春申君列伝に、楚攻略を狙う秦昭王に対して春申君いわく、「秦楚之兵構而不離、魏氏將出而攻留・方與・銍・湖陵・碭・蕭・相、故宋必盡」、すなわち秦楚が争えばその間を衝いて魏が「故宋」の地に進出するだろうという（『戦国策』秦策四にも同様の記事がある）。そのうちの一つに方與があり、その帰属は明言されていないが、秦楚の対立に乗じて魏の攻撃対象となる可能性があるというのだから、楚地と考えるのが妥当である。この記事の前段には頃襄王二十一年（前二七八）の遷陳が記されており、従って「大宋・方與」が魏郡として言及される楚頃襄王十八年（前二八一）より降る時期に、方與が楚に属したことを意味する。帰属が宋・魏・楚と転々としたか、あるいは方與は大地名であって、滅宋以後に魏楚双方が部分的に有した可能性もあろう。

(67) 魏の「守」はその他、魏世家「翟璜忿然作色曰、……西河之守、臣之所進也」、『韓詩外伝』巻九「文侯將以荊伯柳爲西河守」にも見える。

(68) 楊寛郡表の他、路偉東二〇〇二など。

(69) 銭林書一九九九は戴震『戴東原集』巻六「書水経注後」に魏の領域が言及されているのを引用し、魏の「西河郡」の領域を考察している。しかしそこで戴震が同時に、「即呉起爲西河守、亦非如後世之郡守」、すなわち西河「守」は後世の「郡守」と同様ではないと述べている点は看過されている。

(70) 命大夫が郡守に類似することについては既に姚鼐「郡県考」に指摘があるが、それは異民族支配をおこなうのが「郡守」の原義であるとみなしての発言であり、本節の観点とは異なる。
(71) 重近啓樹一九九九(三〇九頁)。
(72) 蔡興安一九六五は特に郡に関して「郡吏是六国中極普遍的地方制度」という。また厳耕望一九九〇、楊寛二〇〇三bも同様の認識である。
(73) 楊寛二〇〇三b(二二七～二二八頁)。

結論

一

本書が全体に渡って留意してきたことは、「郡県制形成史」という枠組みを相対化することであった。先秦時代を通じて、中央集権の整備すなわち地方邑の「郡県」化が進められていったという図式は、大勢としては誤りではないだろう。しかし、それを「郡県」へ向けての一直線の過程であると捉えることはできず、そこに時代的な進展・後退や地域的な差異が存在したことを見落としてはならない。

秦漢代の「郡県」という「到達点」から遡って先秦時代を見るのではなく、先秦時代の歴史過程に則して領域支配の展開（「発展」に限らない）を跡づけるという目的のもと、四章に渡って先秦時代の領域支配を論じてきたが、もとよりあらゆる問題を論じ尽くせたわけではない。ここで「郡県」「封建」という語そのものについていささかの検討を加え、以て本書を締めくくることとしたい。

先秦時代から秦漢代への時代推移を捉える枠組みとして、「郡県」に対置せられるのは「封建」であり、「封建」の時代から「郡県」の時代へ、という構図は一般に承認されている(1)。しかしながら、「封建」の語は、先秦時代において必ずしも自明であったとは言えない。

貝塚茂樹「中国古代史学の発展」は「中国人のいわゆる封建制は秦漢以後に成立した現実の郡県制国家と完全に対立し、これに先だつ制度として頗る観念的に構成された制度である。」（貝塚茂樹一九七七b、一五頁）とし、封建制が「観念的」に再構成されたものであることを指摘する。

また松丸道雄一九七〇は、

この際、注意されるべきなのは、「封建」の語はかならずしも古文献中には多見せず、またそれが周代に特有のことを指す語として用いられているわけでもないことである。……秦漢以後の文献には「封建」の語は多く見られるが、これが一定の政治制度についての概念を表す語として固定するのは、秦代にいわゆる郡県制が施行されて、これとの対比において、封建・郡県論が、儒家による政治学説として取り上げられるようになってからに属するのであり、かかる論議の過程で、「封建」の世が理想世界として多くの潤色を施されていったのである。（九〇〜九一頁）

として、史料上の用語として「封建」はさほど見られないことを述べ、政治体制の表現としての「封建」は秦漢以後ようやく定着してゆくことを指摘する。松井嘉徳二〇〇二（一〇頁）は右のような「封建」についての日本の研究を総括したのち、「封建制」はある種の「観念」と評価される現状にあり、今日もはや「封建制」という言葉では周代の国制を語りえなくなってしまったと述べている。

とはいえ、同時代的に「封建」という成語が存在せずとも、子弟功臣に土地・人民を与え諸侯として「封」じたり、「建」てたりすることは先秦時代において不断に行われた。(2) それらの事例でもって「封建」の事実があったとみなすのが普通である。そのときに注意すべきは、個別の「封」「建」が行われたことは事実としても、それを以て「封建」の時代と概括するには大きな飛躍があるということである。先秦「封建」は必ずしも同時代的認識ではなかったことを、右の諸研究は表している。

先秦時代において「郡県」がいかに成立してゆくかという課題は、「封建」がどこまで排除されたかということを判定基準のひとつとして論じられてきた。しかしながら、上記のように「封建」が多分に観念的な部分を含むことが指摘されている以上、同様の問題が春秋・戦国期にも認められるかどうか検討する必要があるだろう。「封建」が自明でないとすれば、それと対比される「郡県」も問い直されなければならない。

二

『左伝』昭十九に、鄭の子産が晋人に対して「晉大夫にして其の位を専制す。是れ晉の縣鄙なり、何の國をか之れ爲さん」と述べる記事が見られる。このとき晋大夫が鄭を訪れたのは、駟氏の後継者に自国の縁者を立てようとしてのことであった。子産は、晋が鄭の内政に干渉して大夫の地位を左右しようとするなど、鄭を晋の「縣鄙」とみなすようなものだと批難したのである。ここでは「県鄙」という語でもって、鄭がほとんど晋の支配下にあり、独立国の体を為さない状態が表現されている。

一方、『戦国策』燕策一では、張儀が連横を結成するために燕王を説いて、「今ま趙王已に澠池に入朝し、河間を效して以て秦に事え、……且つ今時、趙の秦におけるや、猶お郡縣のごときなり」と趙秦の関係を評している。張儀は、燕の仇国たる趙が既に河間の地を献上し秦に服従している、そこでこの期に燕が秦と結べば南方の憂いは消え去る、と燕を連横に誘ったのである。ここでは趙が秦に服従状態にあるという関係が「郡県」のごときであると表現されており、『史記』張儀列伝にもこの発言は載録されている。また『戦国策』には同様の意味合いでの「郡県」が他処にも見え、[3] さらに諸子文献に同様の事例を徴すれば、『韓非子』存韓「且夫韓入貢職、與郡縣無異也」を挙げることができる。

これら『左伝』・『戦国策』などの言説においては、一国が他国の影響により自由を失い、支配下にあるのと変わらないといった文脈で、その従属状態を示す比喩表現としてそれぞれ「県鄙」・「郡県」の語が使用されている。しかしながら、『左伝』には「県」「県鄙」は見えても「郡県」の語は見られない。[4]『左伝』の最終的な成書が前四世紀半ばとすれば、[5]この時期までに「郡県」という語が熟していなかったということが推測される。それはとりもなおさず、この頃「郡県」構造が当然の存在になっていなかったことを示す。

ここには、「郡県」が戦国期に入って直ちに現れるものではないということが端的に現れている。またそのことは、本論第四章で述べた、「郡」が戦国秦において初めて出現し、それは必ずしも全「中国」的なものではなかったという知見とも適合する。従って、「郡県」は前四世紀半ば以降の秦において突如として出現することになったという認識が妥当であることはここにも傍証を得る。

三

降って統一秦では、諸侯に「分土」することや「封」ずることと明らかに対比して「郡県」の語が用いられるようになる。『史記』秦始皇本紀、始皇二十六年（前二二一）条に、

丞相綰・御史大夫劫・廷尉斯等皆な曰く、「昔者、五帝の地は方千里、其の外 侯服・夷服・諸侯或いは朝し或いは否らず、天子制する能わず。今ま陛下義兵を興し、賊を誅殘し、天下を平定し、海内は郡縣と爲り、法令は一統に由る。上古より以來未だ嘗て有らず、五帝も及ばざる所なり。臣等謹みて博士と議して曰く、古え天皇有り、地皇有り、泰皇有り、泰皇最も貴し。臣等昧死して尊號を上り、王もて泰皇と爲さん。命は制と爲し、令は詔と爲し、天子は自稱して朕と曰う」と。

とある。皇帝号成立のきっかけとなった有名な上奏であるが、丞相王綰らが称える始皇の功績のひとつとして、「海内は郡縣と爲」ったことが挙げられている。[6]注目されるのはここで「郡県」の語が極めて肯定的なイメージを賦与されていることである。前四世紀半ば以降の秦において成立していたであろう「郡県」の熟

語には、統一秦に至ってさらに価値判断的な要素が加わえられた。そこでは「郡県」は旧来の「封建」を打破した新たなる制度として言及されることとなったのである。

嶧山刻石（宋重刻本）では「乱世を追念するに、土を分かち邦を建て、以て争理を開く……迺ち今の皇帝、天下を壹家とし、兵復た起こらず」[7]と、「分土建邦」「壹家天下」が対照されている。「分土建邦」こそが争乱のきっかけであり、始皇帝が天下を統一したことによって初めて戦役が止んだというのである。[8]

一方、『史記』秦始皇本紀所載の琅邪臺刻石の文章では、

古えの帝なる者、地は千里を過ぎず、諸侯は各おの其の封域を守り、或いは朝し或いは否らず。相い侵し暴亂し、殘伐止まず……今ま皇帝 海内を幷一し、以て郡縣と爲し、天下和平す。

のように、「諸侯」や「封域」と「郡県」との対比が明確になっている。ここでは、諸侯が並立し各々の封域を守った時代は「殘伐不止」であったのに対し、始皇帝がそれらを「郡縣」と為したのちに「天下和平」が成ったとされている。[9]文脈は嶧山刻石と全く変わらない。また、咸陽宮に置かれた金人の銘文にも「皇帝二十六年、初めて天下を兼ね、諸侯を改めて郡縣と爲す」とあったされ、同じく「諸侯」と「郡県」が対比される。[10]

以上を要するに、統一秦においては、諸侯並立すなわち「封建」の状態——ただし右の史料においてもなお「封建」の熟語は見られないが——こそが戦乱の元凶であり、それを「郡県」と改めた今日、そうした悪弊は除去されたものとされていたのである。すなわち秦は、「郡県」を旧弊を打破した新体制と位置づけて自ら顕彰することで、「郡県」に正のイメージを賦与したのであった。そして「諸侯」ないし「封建」的な存在がその対極に置かれたのである。

しかしそれ以前においては、遠隔地支配のためには「封」「建」の形式を採用するのがほぼ常態であり、「郡県」は六国統一に向かう戦乱状態の中、不断に軍事前線が拡大していくことに対応した、あくまで臨時の措置にすぎなかった。そのことは統一直後における「封建」対「郡県」の論争からも窺われる。『史記』秦始皇本紀、始皇二十六年条に、

丞相綰等言う、「諸侯初めて破れ、燕・齊・荊の地遠く、爲に王を置かざれば、以て之を塡むなし。請うらくは諸子を立てんことを、唯だ上幸いに許されよ」と。始皇 其の議を羣臣に下すに、羣臣皆な以て便と爲す。廷尉李斯 議して曰く、「周文武の封ぜる所の子弟、同姓甚だ衆く、然る後疏遠に屬し、相い攻撃すること仇讎の如し。諸侯更ごも相い誅伐し、周の天子禁止する能わず。今ま海内 陛下の神靈に頼り、一統して皆な郡縣と爲る。諸子功臣は公の賦稅を以て重く之に賞賜せば、甚だ制を易うに足る。天下異意無くんば、則ち安寧の術なり。諸侯を置くは便ならず」と。

周知の通り最終的に始皇帝は李斯の提議を採用したが、「羣臣」大多数の意見としては、統一戦争終結後の国家体制は「封建」となすべきであった[11]。そもそも先に「海内 郡縣と爲」ったことを賞賛していたはずの王綰が今回の「封建」の提案者であったというところに、当時「封建」こそが常識的な措置であったということが強く表れていよう。統一戦争の中では確かに「郡県」の完成こそが目指すべき到達点であったが、そこに到達した後にあってはそれを見直さなければならなかった。このように「郡県」とは統一を進行していくうえでの臨時の措置でしかなかったのである。そしてこれを統一後も固定化しようとしたところに秦の画期性があることはあらためて強調するまでもない。

始皇三十四年、咸陽宮での酒宴にて僕射周青臣が「諸侯を以て郡縣と爲し、人人自ら安樂し、戰爭の患無

く、之を萬世に傳う」と始皇帝に祝賀を述べたのに対し、博士淳于越は「殷周の王千餘歳、子弟功臣を封じ、自ら枝輔と爲」したことを引き合いに出し、「封建」の「復活」がまたもや提議された。ここでもそれを退けたのは丞相李斯であり、いわゆる挾書律が発動され「古」への回帰はいっそう厳しく防遏されることとなる（『史記』秦始皇本紀）。

「封建」の禁圧が必要であったのは、かつての常識――「封建」という「常識」はこの頃から急速に、いわば事後的に再構築されていくのだが――への回帰志向が秦中央内に依然として潜在していたからに他ならない。統一秦は「郡県」に正のイメージを賦与して喧伝したことを先に指摘したが、それはストレートな賛美ではなく、むしろ平常ではないはずの「郡県」を維持するために、敢えてそうしてまで喧伝せざるをえなかったと理解すべきであろう。

無論、こうして粉飾された『郡県』の正のイメージは秦の崩壊とともに霧消し[12]、以後は時代状況に応じて「封建」「郡県」の選択が繰り返し議論されてゆく。それを増淵龍夫 一九六九（二四一頁）は次のように説明している。

> 「封建」・「郡県」という概念は、中国においては、中国の歴史の経て来た相異る二つの政治制度を単に事実関係として意味するだけでない。中国の学者たちは、この「封建」・「郡県」という二つの制度に、それぞれに特有の内容と価値を附与して、「封建」・「郡県」の是非を論ずる形をとって、「郡県」制的現実を「封建」との対比において論じて来たのは、彼等がその当面する現実を危機として自覚し、その現実をどう改革するかという実践的問題との関連においてであった。

「封建」「郡県」は必ずしも純粋な歴史用語としてではなく、たとえ明示的にではないにしてもそれぞれの時代背景、政治状況を負ったうえで使用されていたのである。

四

正負の価値判断は別として、先秦時代の「封建」と秦代以降の「郡県」という構図が、強固に後世の認識を規定したこと自体は事実である。それどころか、統一秦が喧伝した「郡県」＝先進的、「封建」＝後進的というイメージは、現代の先秦史研究においてもなお色濃くまとわりついているようである。

本書第三章において、包山楚簡が前四世紀に遡る楚の司法文書として類例を見ないことを述べたが、その稀少さは多様な解釈の余地をもたらし、却って上記のようなバイアスが顕在化することもある。例えば藤田勝久二〇〇五第一編第五章は、包山楚簡に封君が多数見られることから、戦国楚における封君の勢力を強調している。そこに秦の郡県制による中央集権的支配との差異を読み取り、「戦国秦よりも楚のほうが、古い貴族勢力と習俗をより温存していると言えるかもしれない」（二二六頁）と述べている。

確かに包山楚簡のみならず戦国楚の出土文字資料の増加によって、楚における封君の存在はこれまでに比べ一層明らかになった。しかしながら、封君の存在そのものが、古い勢力や習俗の残存をそのまま意味するのだろうか。むしろ、左尹の官府において処理された記録という包山楚簡の性格を考慮すれば、封君ですら左尹なる中央官に司法権を委ね、その命令や調停に服していたという現実が浮かびあがってくる。却ってここに現れているのは、封君すら司法の場にあっては中央官に依存している姿である。名目的には「封君」であったとしても、名目それ自体の中にその性格が含まれているわけではない。その自律性の如何は予断をなるべく介入させずに資料の中から読み取っていかなければならない。本書においては封君と中央権力との関係についてはほとんど言及しえなかったが、その課題を検討するにあたっては以上のような問題意識、特に先秦資料の残存の偏り具合ということを念頭に置く必要があろう。

繰り返し述べてきたように、秦漢「郡県」制を無条件に先進的な形態とみなす予断は排除されねばならないが、「封建」・「郡県」の対立構図が先秦時代において自明ではないことについてはなお十分な注意が払われていないように思われる。[13] 中央集権の「達成度」という観点からみれば、「封建」とは否定的なイメージが伴うし、「封建」的な要素がみられるとただちに後進的と評価されがちな傾向がいまなお存在することは否定しがたい。こうしたバイアスを取り除くには、精密な文献学的議論の基礎に立ち、取り扱う資料の年代観を明確にしておくことが本来必要である。そうすることでようやく、同時代認識と後代からの目線とを明確に腑分けした議論が可能となるが、本書においては個別の史料批判以上にそれを果たすということはできなかった。できる限り信頼しうる材料を選んで議論を進めたつもりではあるが、もとより偏りは免れないだろう。

本書は「郡県」「封建」という対立軸から離れた先秦史像を構築していく試みのささやかな一歩にすぎない。完全に客観的な立場からの歴史記述というものがいかにして可能となるかは別に問われるべきであろうが、少なくとも先行の認識を相対化していくことでしかそこには辿り着けないだろう。本書がわずかなりともその土台となるとすれば幸いである。

【注】

（1）例えば楊寛二〇〇三（八四～九三頁）、馮天瑜二〇〇七（三五頁～五九頁）など。

（2）西周における「封建」の実態については伊藤道治一九八七第二章を参照。

（3）燕策三（燕太子丹質於秦亡帰）「既至秦、持千金之資幣物、厚遺秦王寵臣中庶子蒙嘉。嘉爲先言於秦王曰、燕王誠振畏慕大王之威、不敢興兵以拒大王、願擧國爲内臣、比諸侯之列、給貢職如郡縣、而得奉守先王之宗廟。」」、韓策一（張儀為秦連横説韓王）「韓王曰、客幸而教之、請比郡縣、築帝宮、祠春秋、稱東藩、效宜陽。」

（4）『国語』にも「郡県」が見られるが（本書第四章参照）、『左伝』よりも降る時期の表現であろう。

（5）吉本道雅二〇〇二。

（6）睡虎地秦簡・里耶秦簡には「郡県」の熟語が見えるため、統一以前より「郡県」が存在していたことは確実である。

（7）始皇帝の刻石については容庚一九三五参照

（8）町田三郎一九八五（一〇〇頁）は、この嶧山刻石に基づき「封建体制こそ戦争の原因であり、始皇帝は郡県制を採用することによってこれを根絶し、災害のない世界を創成したというのである」と述べる。

（9）この『史記』所引の琅邪臺刻石は原刻石の本文ではないという容庚一九三五の考証がある。『史記』の叙述を見る限り、この部分は琅邪臺刻石を建てた際、諸臣によって「海上に儀」せられた文言の中身である。従ってこの文句は『史記』編纂時まで降るものとして考えておかねばならない。

（10）『三輔黄図』秦宮。なお『水経注』巻四河水にも同記事があるが「改諸侯」を欠く。

（11）渡邉英幸二〇一〇（二七六頁）参照。氏の表現によれば、「統一直後の段階でも、秦王が封建した臣邦の上に君臨する「夏」秩序の構築が、依然スタンダードな統治の方法として認識されていた」ことになる。

（12）斉思和二〇〇〇（一四四頁）に漢初以来の「郡県」をめぐる代表的な言説が挙げられている。

（13）漢代についてはそうした試みの一つとして、「郡国制」を「より有効に広大な帝国を統治する方法」として再評価する杉村伸二二〇〇五等の一連の論考がある。

附論　先秦時代的地方支配：以〝郡縣制〞形成前夕爲中心

前　言

中國古代國家如何統治如此龐大的領域？中國古代史研究中，地方支配問題一直佔據重要位置，尤以闡明秦漢時代成立的〝郡縣制〞的特質最爲其中中心課題。〝郡縣制〞作爲中央集權的基幹，長期爲研究者所關注。然而，対此問題的關注本身又極大地限制了如何認識秦漢以前的狀況。過去的研究認爲先秦時代是〝郡縣制形成期〞。研究中心集中於發掘先秦和秦漢的差異。因此，一般的研究者將先秦時代的地方支配階段視爲郡縣制度的形成期，此課題也成爲秦漢帝國形成史研究的一部分[1]。

這樣的觀點不可避免地影響到如何使用、評價、分析史料。秦漢的郡縣制度被視爲完成形，先秦史料裡一出現〝郡〞和〝縣〞，即被過分地重視——譬如說，將《左傳》裡的〝縣〞單純地視爲新的支配方式，其他諸如普通的邑或無行政單位的地名卻被排除在研究範圍之外。

先秦時代的地方支配不一定是向秦漢郡縣制直線發展的，制度的設計和運用必然存在進步、退步或地域差異，我們需要發掘先秦時代地方支配的多樣性。先秦時代，郡縣制不是自明的存在，不能單純地絕対化。在此，我不僅期望將郡縣制相対化，且期望対其重新評價。下文中，先介紹至今爲止的關於縣和郡的研究成果及其存在問題，然後再介紹我的觀點。

一　縣

春秋縣

商周以來，民眾集住之地通稱爲邑，春秋時期也不例其外。但是過去的研究以爲縣是比邑更新的支配方式，縣的出現就是劃時代的現象，十分關注春秋縣的特質，尤其是其與秦漢縣的異同。眾所周知，這方面有很多研究蓄積，有關春秋縣的研究史，我們可以參考松井嘉德的整理，[2] 下面我們基於他的整理，進一步把握問題的所在。

顧炎武《日知錄》卷二十二〈郡縣〉提出了縣在春秋時期已經存在，顧頡剛在一九三七年的研究中，二分春秋縣，認爲楚秦的縣是國君的直轄地，晉齊的縣是臣下的封邑。[3] 增淵龍夫批評這樣明顯的二元論，提出獨自的見解：(一)春秋縣不能簡單地二分爲直轄地和封邑，春秋縣不可分地具有雙重性質，它與中央權力的關係，與從來的邑沒有什麼差異，譬如可以世襲。(二)春秋縣是打破原住氏族的秩序而支配當地的新支配方式。(三)春秋縣大多在邊地軍事據點設置，有強烈的軍事作用。[4] 在此之後的議論專以驗證〃增淵說〃的當否爲中心展開。下面將依此三點分別討論增淵以後的研究史。

(一)　可否世襲

增淵龍夫指出，因爲春秋縣有時可世襲，所以縣不能認爲是國君的直轄地。平勢隆郎論證在楚國一般否定縣的世襲，因此增淵的看法應予修正。[5] 但是，我們懷疑対世襲的否認是否可以說是縣的〃制度〃。吉本道雅認爲，春秋楚國國君權力較大，能夠阻止特定氏族的世族化。[6] 那麼，縣的世襲可否，是中央權力構造的結果，而不是縣本身具有的制度。

關於晉縣，平勢隆郎則說，韓魏趙氏的本邑傾向於世襲，其他縣有世襲和非世襲的多樣性狀況。這部分沒有疑義，需要探討的是在晉國如何否定縣的世襲。注意到此點，則能看出否定世襲並不是設置縣的結果，而是縣長官出奔、被殺、族誅等特殊情況的結果。這些晉縣之所以沒有世襲，僅僅是因爲繼承者的出缺，不能說是制度的規定。如此，春秋縣有否世襲，其原因都在於外在、偶然的政治狀況，而不是因爲置縣，與當地是縣與否基本上沒有關係。

（二）　打破氏族秩序

增淵龍夫指出，縣與邑的差異在於其社會結構，他認爲春秋縣就是打破氏族秩序（殺害國君、太子，遷徙人民等）的新支配方式。之後出現齋藤道子、谷口滿等提出異論[7]。他們認爲，設置縣不一定伴隨著氏族秩序的破壞，尤其仍可以看出保存原來氏族的事實，接著又指出楚縣裡的社會結構的多樣性。加之，關於打破氏族秩序的問題，增淵龍夫沒有提到晉縣的具體事例。因此，將春秋縣視爲新支配方式這個增淵之說，缺乏其成立的證據。

（三）　軍事作用

增淵龍夫又指出，因爲春秋時期的軍事需要，各國強化了対縣的控制，春秋縣具有軍事據點的意義，所以需要嚴厲支配。楊寬指出：作爲楚縣的主要特點在於其有著〝邊防重鎮的作用〞[8]。齋藤道子將楚縣認定爲〝軍事基地〞、〝軍事都市〞，其重要任務是提供軍隊[9]。

但是，過去的研究過分地強調〝縣〞的軍事性，我們不只利用縣的資料，還需要先把握包括當時的邑的一般狀況，然後才能正確地評價〝縣〞的特質。縣的軍事性顯然毋庸置疑，可是軍事要求是當時各國都面臨的課題，那麼強化支配應是超越〝縣〞、〝邑〞區別的普遍動向。因此，因爲置縣的結果，當地的軍事作用提高了，這樣的因果關係並不能成立。對於春秋時期，我們不需要把〝縣〞、〝邑〞嚴格區別，也不需要探索〝縣〞的新特質。

還要注意的是，先前的研究之中，除直接探索春秋縣之作用的研究以外，古文字學方面的研究亦対縣的探索有所貢獻。李家浩論證了西周金文所見的〝還〞字與〝縣〞字的一致性[10]。在李家浩論文的啟發下，松井嘉德利用增淵龍夫以來基於文獻資料的研究成果，闡明了西周〝還〞和春秋〝縣〞在其性質，功能等方面的連続性[11]。這樣的方法給我們一個啟發，不管〝縣〞、〝還〞或是其他名稱，需要關注的乃是其性質，功能等內涵本身。雖然過去的研究也非無視這個觀點，關注對象卻偏於縣，因爲過去的研究一味追求春秋縣的特質及其與秦漢縣的差異。在名稱一致，性質可能不同的前提之下，探究春秋縣的特質，使用的材料必限於〝縣〞，但是實際上春秋時期的地名大多不附帶行政單位名稱。

不單方法上有限制，如何判斷〝縣〞也有問題。資料上若明確有〝某縣〞的記載，則沒有問題。此外，如楚的〝某公〞、〝某尹〞[12]，晉的〝某大夫〞，一般認爲可以依長官的名稱判斷某地是否爲縣。關於晉之〝縣大夫〞《左傳》中有明確證據，趙衰曾爲原大夫（僖公二十五年），後文中晉國果有〝原縣〞（昭公七年）。《左傳》中亦可見楚的〝縣公〞（宣公十一年）、〝縣尹〞（襄公二十六年），不過此兩者各僅一例而已，又是在會話文中出現，很可能是戰國時期的認識。而且我個人懷疑在春秋時期的楚國，作爲行政單位的〝縣〞不一定存在（後述）。所以，我認爲，把〝公〞、〝尹〞作爲研究縣的資料使用時，有不少危險[13]。總之，〝縣〞的判斷基準向來都非常模糊，研究者皆任意判斷。我們不得不說，除了較爲可靠的晉之縣大夫以外，從長官名稱判斷某地是否爲〝縣〞的方法並不客觀。

由上述事例可見，春秋時期，嚴格區別某地是否為〝縣〞的方法不太有意義。我們需要關注邑的一般動向。如此思考則重要的焦點就是上述(三)的軍事作用的問題。我曾經討論過此問題，其中注意到徵用邑的形式[14]。當時諸侯國動員邑的住民時，由地方住民編成的軍隊被稱為〝某某之師〞，例如〝申息之師〞（楚）、〝東陽之師〞（晉）、〝焦瑕溫原之師〞（晉）等。這樣的地方性軍事動員從春秋中期，特別是公元前六世紀以後開始顯得鮮明。大體而言，當時的軍事動員形式是，以從〝國〞（國都）出發的軍隊為中心，抵達戰地之前的路上，這個〝國〞軍往往補充加入地方的〝某某之師〞。〝國〞軍無疑是國内最強、最大規模的軍隊。這個〝國〞軍移動、駐屯時，以其軍事力量為背景，能夠較為容易地徵用邑的資源。此時地方的邑有可能幾乎變成被壓制狀態。由此可見，在〝國〞軍的移動這個現象之内存在著強化支配的機會。在當時制度尚未成熟，手段仍顯不足的階段中，國君或支配階層自身的移動可謂是在早期地方支配上最為重要、有效的手段。

上文中未拘泥於〝縣〞、〝邑〞之分的討論也是地方支配問題研究中的一環，基於此種考慮的研究，將來或有更大空間。

〝縣某〞和〝某縣〞

春秋的縣和邑若是沒有什麼特別差異，那我們究竟應該如何理解《左傳》等資料中確實存在的〝縣〞？戰國以後，作為地方行政單位名稱的〝縣〞確實逐漸普及，但此趨向在春秋時期尚未確定，春秋諸國是否都採用〝縣〞這一行政單位，尚有疑問。為了進一步探索此問題，下面我們將再次討論從春秋到戰國的〝縣〞字所指的内容。

為了正確理解當時的〝縣〞，我們本應討論置縣時點的資料，盡量探索置縣前後的變化。然而在春秋時期，適當的資料并不多。

①冬，楚子……遂入陳，殺夏徵舒，轘諸栗門，因縣陳。（宣公十一年）
②楚王奉孫吳以討於陳曰，將定而國。陳人聽命，而遂縣之。（昭公十一年）
③彭仲爽，申俘也。文王以爲令尹，實縣申息。（哀公十七年）
④秋，晉韓宣子卒，魏獻子爲政。分祁氏之田以爲七縣，分羊舌氏之田以爲三縣。（昭公二十八年）

《左傳》中可能的〝置縣〟的資料，只有以上四例，其他的縣何時變爲縣都不得而知，難以討論其置縣前後的過程。上列事例中，值得注意的是，晉國的縣（④）確實是行政單位（〝某縣〟），但是楚國的縣（①②③）都是動詞（〝縣某〟）。事實上，《左傳》有關晉國的記載中，我們能發現許多〝某縣〟的例子，所以可以判斷春秋時期的晉國已經存在縣制。但是楚國卻沒有〝某縣〟的記載，比如，引文中列舉的〝陳〟、〝申〟、〝息〟都是〝縣〟的賓語，《左傳》中找不到〝陳縣〟、〝申縣〟、〝息縣〟等記載。因此，我懷疑當時的〝縣某〟並不意味著〝以某爲縣〟，〝縣某〟與〝某縣〟不應視爲相同。

縣鄙

春秋時期的〝縣〟似乎更常指〝縣鄙〟[15]。如增淵龍夫曾經指出[16]，縣和鄙的含義有時相同。他認爲〝鄙〟是國都周圍的屬邑的通稱。不但國都與其屬邑如此，非國都亦有此關係。

與晏子邶殿，其鄙六十。《左傳・襄公二十八年》

並非國都的邶殿亦有六十個〝鄙〟。然後相同的句式又可見於春秋金文：

余賜汝釐都□□[17]，其縣三百。《叔夷鐘鎛》

這兩個春秋齊國的事例中，〝縣〞的用法與〝鄙〞完全一樣⑱。〝邶殿〞和〝釐都□□〞都是齊國内較大的邑，有很多小邑位於其周圍並從屬於它們，如此附屬大邑的小邑統一被稱作縣／鄙。文獻資料上的邊鄙地域被稱爲〝縣鄙〞，正是因爲〝縣〞和〝鄙〞的含義相近。

縣鄙都是普通名詞，每個諸侯國既然擁有一定範圍的領域、中心和邊境，縣鄙的存在就是極爲普遍的事。實際上，縣鄙常見於《左傳》等文獻之中。雖然增淵早就指出過這個觀點，卻爲以後的研究者所忽視，〝縣〞一般被認爲是特殊的存在。此觀點成爲主流的原因之一是，研究者一般更重視秦漢郡縣制，與秦漢不直接關聯的〝縣鄙〞的例子，則被排除在研究対象之外。

然而，如果注意到〝縣鄙〞在更早的春秋時期已是較爲普遍的存在，那麼我們將〝縣某〞解釋爲〝以某爲縣鄙〞，就更合理了。而且〝縣某〞不像〝置縣〞、〝縣化〞那麼特定，不過是〝以某爲自國領土〞的意思，以後以何種形式支配（直轄或采邑等）則是另一回事。僅由〝縣〞這一個字，我們無法判定其性質如何。先前的研究從〝郡縣制形成史〞的角度，將〝縣〞過分地賦予了特別的意義。然而特別是見於楚國的〝縣某〞不一定與後代郡縣制下的縣直接銜接。因此，我們需要將〝某縣〞和〝縣某〞有所區別地進行理解。

秦縣

秦國的事例更證實〝某縣〞和〝縣某〞是有嚴格區別的。大多數學者認爲春秋時期最早採用縣的國家是秦。關於〝縣〞這個字的出現，此看法無誤，可是仍要考慮到其性質，以下我們繼續討論這一問題。秦的〝縣〞與他國不同，不見於《左傳》，都是《史記》上的記載。先看公元前四世紀以前的秦〝縣〞。

①武公十年（前六八八）　伐邽、冀戎，初縣之。《史記・秦本紀》

②武公十一年（前六八七）　初縣杜、鄭。《史記・秦本紀》
③厲共公二十一年（前四五六）　初縣頻陽。《史記・秦本紀》
④秦惠公十年（前三九〇）　與晉戰武城，縣陝。《史記・六國年表》
⑤秦獻公六年（前三七九）　初縣蒲、藍田、善明氏。《史記・六國年表》
⑥秦獻公十一年（前三七四）　縣櫟陽。《史記・六國年表／魏世家》

①②確實是春秋初期的事件，可以說秦“縣”的出現顯然比他國更早[19]。但是，值得注意的是，這些記載都是動詞的“縣”，正與上述春秋楚的“縣”相同。因此，我們不應該簡單地斷定是秦最早採用了作爲行政單位的縣。作爲行政單位的秦縣出現於秦孝公十二年（前三五〇），即商鞅導入到秦國的縣制。

并諸小鄉聚，集爲大縣。縣一令，三十一縣。《史記・秦本紀》

商鞅的縣是集合小邑形成的，每個縣當然擁有一定面積的管區，設置令、丞，使其負責其管區的行政。可見商鞅的縣顯然是行政單位。

其實，商鞅縣制開始以後，與秦有關的《史記》記載中，動詞“縣某”大體消失。商鞅以後，除了《秦本紀》惠文君十一年（前三一七）“縣義渠”之唯一一例以外，完全沒有動詞的縣。

秦國以外，“縣某”亦見於春秋楚國“縣陳”的記載，而該記載可以說是從《左傳》取材的。

已誅徵舒，因縣陳而有之。《史記・陳杞世家》
徵舒弒其君，故誅之也。已破陳，即縣之。《史記・楚世家》
惠王乃復位，是歲也，滅陳而縣之。《史記・楚世家》

上列三例似乎是參照《左傳》的記載：

遂入陳，殺夏徵舒，轘諸栗門，因縣陳。《左傳・宣公十一年》

楚王奉孫吳以討於陳曰，將定而國。陳人聽命，而遂縣之。《左傳・昭公十一年》

見於《史記》的楚的"縣陳"是參照《左傳》的記錄，那麼由此可以推測，秦的"縣某"也是司馬遷編纂《史記》時，從所參照的《秦記》等原有資料中借用的文字[20]。

商鞅採用縣制前後的"縣櫟陽"（前三七四），"縣義渠"（前三二七）是最後出現的動詞的"縣"，此後動詞的"縣"便從與秦有關的《史記》記載中消失了。這件事給我們啟發。商鞅縣制以後，"縣"字專指行政單位的縣。如像這樣注意秦"縣"的用法，可以發現從"縣某"到"某縣"的演變。《史記》中"縣"字意義的轉變，反映了在公元前四世紀半的秦國採用了縣制，這個縣才是秦漢中央集權性郡縣制度下的縣的直接前身。另一方面，"縣某"是更早的句彙，常用於"某縣"還不太普及的春秋及其以前。不過，之後行政單位的縣逐漸普及，到商鞅時，"某縣"的優勢得到了確立，"縣某"這個古式的句彙驟然消失。

小結

再總結一下，春秋時期關於"某縣"的明確證據只存在於晉國，春秋楚國的可靠事例僅限於"縣某"，而且其例不是"以某爲縣"而是"以某爲縣鄙"之意。這兩種"縣"都見於秦國，秦"縣"以公元前四世紀爲明確的界限，從"縣某"向"某縣"轉變。

文字學研究已經闡明了"縣"可以追溯到西周時期的"還"，春秋時晉國之所以比他國更早採用縣制，有可能是因爲它與周王朝長久以來在地理上，政治上保持密接的關係[21]。當然，雖然春秋晉的"縣"爲行政單位，然其制度尚未成熟，不是與其他的邑絕異的特殊存在。需要注意的是，無論縣與邑，都具有強化支配的可能性，而此可能性並不與〃某地是否爲縣〃的問題相關連。

從這個角度思考可知，作爲行政單位的〃縣〃源於西周，晉承之，三晉繼之，公元前四世紀半可能是在鄰近的魏國影響之下，秦國商鞅開始施行縣制，然後在戰國的某個時期傳到了楚(22)（如左圖）。至少在春秋時期，行政單位的縣尚未傳及秦、楚。

二　郡

戰國時期，縣制普及的同時，各國解消了互相交錯的領域，急速形成統合的領域(23)。若是僅僅置縣並以之爲行政中心，則在管理上有所不便，所以設置更廣域的統治機構則變得必要起來，由此就出現了郡制。從縣來看，郡是其上級行政單位，從中央政府來看，郡則是聯繫到縣的中介單位。

郡的資料充分增加到我們能夠討論這一問題是在戰國時期。楊寬指出，郡是在各國邊境設置，有邊防作用的機構(24)。鎌田重雄也提出相同看法，他將郡稱作〃特別軍政地域〃(25)。如此，郡也被強調其軍事性，讓我們感到關於郡的研究亦與春秋縣的研究有相似之處。另外，重近啓樹認爲漢代以前地方行政之中心在於縣，郡帶有濃厚的〃軍政機構〃性質，郡守之任務只限於軍事權、對屬縣的監察權和裁判權(26)。

另一方面，藤田勝久認爲郡的設置並不是從邊境開始的，而是在秦的關中地區先設置了郡級行政機構（即〃掌治京師〃的內史(27)），然後伴隨秦的領域擴大，同樣的廣域行政機構逐漸擴及邊境（即郡(28)）。藤田注意到作爲廣域行政機構的內史的設置先於郡。那麼可以說當時縣級以上的廣域行政機構並不是從邊境開始的，而是在秦的中心區域（關中）開始的，我也同意此觀點。

衆所周知，目前的戰國史研究中，出土資料的重要性極高，郡制研究也不例外。角谷定俊利用青銅器銘文考察秦的工官，指出在秦的工官制度上，內史和郡有所差異，在此引用其中與我們的課題有關的三點[29]：

① 秦在內史管區和郡分別設置工官。

② 督造兵器者，在內史管區的縣爲相邦或丞相，在郡下的縣爲郡守。

③ 工官管理系統，在內史爲〃相邦、內史、縣令、工官嗇夫〃，在郡爲〃郡守、縣令、工官嗇夫、工官〃。

可見，縣上一級的單位明顯有兩種，即內史與郡。

在角谷的研究基礎上，佐原康夫進一步指出，關於兵器製造，秦與三晉有所差異，在秦的兵器銘文上都有縣的上級單位（相邦、郡守等），在三晉兵器銘文中卻沒有出現過類似的縣的上級單位。佐原認爲秦國在兵器製造上，縣受到上級單位的管理，秦的地方管理系統相対嚴密，他將此現象與鎌田的〃特別軍政地域〃概念結合，又認爲在當時的郡制上軍事觀點受到特別的重視，此觀點也在秦的兵器銘文中得到反映[30]。

至此我們不得不懷疑，如果說當時的郡是〃特別軍政地域〃，而這樣的軍事性質又特別濃厚，那麼爲什麼如佐原指出的那樣，與秦相反，在三晉兵器銘文中郡從未出現？若郡確實是重視軍事性的存在，在三晉也應當參與兵器管理，然而事實與之相反。所以，至少對三晉而言，從軍事性方面來解釋郡就顯得不適合。

郡的軍事性本來是依文獻資料而提出的，既然與出土資料所說的事實有所不合，那麼我們應該再回到文獻資料討論這一問題。當然，討論的対象以秦郡爲首要。

秦郡的設置過程

關於秦郡的設置年代，相關研究很多[31]，我也參照先學的研究而提出拙見。按資料的可靠性，可利用的戰國時期秦的置郡年代的資料似乎可以區分爲三種[32]。（1）《史記》〈秦本紀〉、〈秦始皇本紀〉最爲可靠。一般認爲此爲本來依秦國年代記編纂。（2）《史記》〈秦本紀〉、〈秦始皇本紀〉以外的〈世家〉、〈列傳〉等戰國時期部分。到了司馬遷的時期，有所改變或竄入的可能性比（1）相對較大。（3）《水經注》也擁有關置郡年代的獨立資料，可是當然晚於《史記》。在此対各郡設置的年代，只好割愛，詳細的討論請參考本書第四章[33]。

管見所及，最早設置的郡是上郡（今陝西北部），設置於公元前三二八年至公元前三二四年之間，可惜限於資料，具體年代無法確定。至少目前所知沒有先於公元前三二四年的郡，所以上郡可以說是最早的郡。

秦國改革地方行政，即商鞅縣制的開始則先此二十餘年。值得注意的是，《史記》中關於商鞅縣制的記載中，完全沒有提及郡。其原因當然是：商鞅時的秦國尚未置郡，縣制開始的二十餘年之後，才出現了郡制。因此我們容易推斷，郡制開始的原因在於此時的狀況。

上郡設置以前，秦國從來定都於渭水盆地一帶，由於統治當地的長官名爲〝內史〟，此地亦稱爲內史。在內史之外，秦初次獲得的較大領域則爲魏國割讓的上郡。秦取得跨越數縣的此地，才出現了在內史之外設置廣域統治機構的必要，因此設置了郡。

獲得上郡之後，秦対魏一直占有優勢，不但向魏等中原區域，且向巴蜀、漢中等地持續擴大領域，不斷地置郡。當然，上郡以外的郡也都是置於內史之外，因此作爲行政單位的內史和郡的區別便產生了。

需要注意的是，在戰國時期，如此大規模的領域擴大，除了秦以外並不是普遍的。換言之，戰國秦是唯一能順利地持續擴大領域的國家。那麼，秦統一六國，可以說是特殊的事情，我們可以找尋其地方支配制度的特殊性。爲了討論其特殊性，我們應當將秦與他國相比較，可是相關資料沒有豐富到能夠讓我們做全面研究的程度，下面以上計制度來做簡單的比較研究。

上計制度

戰國時期已經出現縣、郡對上級機構報告政治，財務等狀況的上計制度[34]，首先讓我們看看戰國時魏的上計。

> 西門豹爲鄴令，清剋潔慤，秋毫之端無私利也，而甚簡左右，左右因相與比周而惡之，居期年，上計，君收其璽，豹自請曰“臣昔者不知所以治鄴，今臣得矣，願請璽復以治鄴，不當，請伏斧鑕之罪。”文侯不忍而復與之，豹因重斂百姓，急事左右，期年，上計，文侯迎而拜之，豹對曰“往年臣爲君治鄴，而君奪臣璽，今臣爲左右治鄴，而君拜臣，臣不能治矣。”遂納璽而去，文侯不受，曰“寡人曩不知子，今知矣，願子勉爲寡人治之。”遂不受。《韓非子・外儲說左下》

西門豹擔任魏鄴（縣）令，向魏文侯上計，而後文侯一度欲罷免他。在此，顯然可以看出，在魏國，縣令向國君上計，國君可以以上計來決定任免縣令，而未見郡等縣的上級行政單位。不過，秦的情況與此不同。

> （秦昭王四十一年）召王稽爲河東守，三歲不上計。《史記・范睢列傳》

由此可見，秦昭王時（公元前三〇六～二五一）負責上計的是郡守，対國君的此種上計應是屬縣上計的匯總，所以在秦的上計制度上，郡這一級單位介於縣和中央之間。

但是，此情況僅限於戰國秦郡之下。在秦的內史管區，與魏同，縣直接対中央官（內史）上計。關於秦的內史和上計制度，重近啓樹關注到睡虎地秦簡中的事例[35]，在此按照他的研究進行討論。睡虎地秦簡《秦律十八種・效律》簡一七四～一七六：

禾、芻稾積廥，有贏、不備而匿弗謁，及者（諸）移贏以賞（償）不備，羣它物當負賞（償）而僞出之以彼（貱）賞（償），皆與盜同法。大嗇夫、丞智（知）而弗罪，以平罪人律論之，有（又）與主廥者共賞（償）不備。至計而上廥籍內史。入禾、發屚（漏）倉，必令長吏相雜以見之。芻稾如禾。效。

此秦律中說道：到了上計時，穀倉的帳簿（廥籍）需要送到內史。另外還有可以探索內史和縣的關係的資料。《秦律十八種》簡一六～二〇：

……今課縣、都官公服牛各一課，卒歲，十牛以上而三分一死，不［盈］十牛以下，及受服牛者卒歲死牛三以上，吏主者、徒食牛者及令、丞皆有罪。內史課縣，大（太）倉課都官及受服者。□□[36]

此資料並非上計的資料，而是關於官有牛死亡的罰則規定，在此可以看出考核縣牛管理的是內史。可見內史対其管區內的縣，通過上計制度實行考核，賞罰等管理。重近啓樹進一步指出，如此受內史直接管理的縣僅限於關中[37]，即正好相當於作爲行政官的內史管區。他又說，此內史和縣的關係在內史之外亦應用於郡和縣之間。

重近的研究讓我們想到，如限於內史那樣的範圍或規模之內，中央對縣管理時不需要在其中間置郡仲介，內史這個中央的行政官可以統合地管理其屬下之縣。因此，如果秦停留在關中（即內史管區）這個傳統領域之內，那麼秦便沒有必要設置縣以上的廣域行政單位。但是取得上郡以後，秦的領域突然向內史管區之外擴大，在此爲了行政的效率化，出現了新置郡的必要。

大多數學者向來都認爲郡是爲了邊境防衛設置的。然而不僅如此，郡制開始的背景亦有領域的急速擴大和行政效率化的需要等原因。

我們容易聯想到，魏的領域狀況與秦不同，戰國時期並沒有像秦那樣的大規模且急速的領域擴大，所以，魏設置郡這個廣域行政機構的必要性，雖然並非全無，不過與秦相比，則低得甚多。關於戰國的魏郡，我也逐一討論(38)，指出先前被認爲是魏郡的資料有不少問題，完全可靠的只有方與郡和大宋郡而已，此則是魏從宋獲得的土地，與秦從魏獲得上郡的情況相同。兩國都是在戰國以前已有的傳統領域之外獲得較大規模的土地時，才設置郡。

此可以與青銅兵器銘文研究的成果相結合。兵器銘文中，郡不見於三晉縣的上級，而見於秦縣的上級。此現象可以解釋爲：三晉設置的郡原即極爲稀有，沒有過大規模領域擴大的魏等三晉諸國，対於督造、管理兵器等行政工作，中央政府以縣爲單位的原來的管理方式未有不便，因此並無設置廣域行政機構的契機。

從春秋“縣大而郡小”至戰國“郡大而縣小”

最後，我們利用上述看法，討論一下春秋“縣大而郡小”的問題。關於郡制的產生，如杜佑《通典》（卷三十三，職官十五，縣令）以來的學者往往提及，春秋時期“縣大而郡小”，戰國以後變成“郡大而縣小”。

克敵者，上大夫受縣，下大夫受郡。（杜注：《周書·作雒篇》，“千里百縣，縣有四郡。”）《左傳·哀公二年》

此爲趙簡子所誓內容之一，其中提及勝敵的褒奬，上大夫受縣，下大夫受郡，一般學者依據此資料認爲縣的價值比郡高，又據杜預注所引的《逸周書》，春秋時期縣大於郡，郡屬於縣。但是清儒姚鼐說道：

趙簡子之誓曰，“上大夫受縣，下大夫受郡”，郡遠而縣近，縣成聚富庶而郡荒陋，故以美惡異等，而非郡與縣

相統屬也。《惜抱軒全集・文書卷二・郡縣考》

姚鼐認爲，春秋時期的郡和縣是各自獨立的存在，並沒有統屬關係。有的現代學者也繼承了此觀點[39]。無論如何，問題是究竟從春秋〝縣大而郡小〟如何變成戰國〝郡大而縣小〟。有些學者含糊地認爲，戰國以後郡逐漸繁榮以至於郡終於統轄了縣。此觀點似乎未經證實。

但是，依據本文所見，戰國時期的郡制是由於秦的領域急速擴大而出現的較爲特殊的歷史現象。因此，雖然春秋時期確實可以看出郡小於縣，但我們應當認爲，春秋時期的〝郡〟不會變成戰國及其以後的縣的上級行政單位的郡，兩者是分別的存在，沒有直接繼承關係。

結論

楊寬曾經說過：〝等到戰國時期，邊地逐漸繁榮也就在郡下分設若干縣，產生了郡，縣兩級制的地方組織。這種縣統於郡的制度，最初行於三晉。……秦、楚、燕三國的郡縣制度是效法三晉的[40]。〟但是，至少在魏難以發現確實先行於秦的郡制。既然郡制的開始主要由於对外領域的擴張，魏在戰國初中期似乎沒有郡制開始的必要[41]。

秦漢時期郡縣制度的一般化讓我們容易傾向於認爲此相同情況可溯至先秦時代，可是實際上，郡制的普遍施行可謂是獲得上郡之後的秦特有的現象，此是由於秦的特殊經驗引發起來的制度。地方支配制度與各國的領域規模，其變化等各種情況密接聯繫，我們無法將秦漢時期這個〝後代〟的常識不加批判地適用於先秦時代。

向來一般認爲郡縣制度在戰國時期遍及整個中國，如齊思和認爲〝則郡縣乃六國之通制矣[42]〟，我不敢完全苟同，我認爲齊思和的見解是偏於公元前四世紀半以後的秦國歷史。上文提到，縣與郡之施行在某個歷史階段中是限定的，若我們注意到各國領域的實際情況，便可以認識到各國的地方支配制度與各自領域實際情況是密接關聯的，而且各國領域狀況並不是同樣的，所以應當充分考慮其地域性。

附記——

本文爲二〇〇九年十二月向日本京都大學大學院文學研究科提交的博士論文《先秦時代の領域支配》之一部分（即本書第一、第二、第四章）修改寫成的。更詳細的討論，請參看本書個別章節。中文版修訂時得到李文明先生（京都大學大學院人間環境學研究科博士）的熱情幫助，謹此敬致謝忱。

（1）關於二戰後日本的中國古代帝國形成研究，可參西嶋定生，〈秦漢帝国形成史の学説史的展望〉（《中国古代帝国の形成と構造——二十等爵制の研究》東京，東京大学出版会，一九六一年）、增淵龍夫，〈秦漢史研究における問題の所在〉（《新版　中国古代の社会と國家》東京，岩波書店，一九九六年）。關於其後的研究史回顧，不勝枚舉，特別關注地域史觀點的研究回顧，可參藤田勝久，〈戰國秦漢地域史の研究〉（《中國古代國家と郡縣社會》東京，汲古書院，二〇〇五年）。

（2）松井嘉徳，〈『縣』制の遡及〉（《周代国制の研究》東京，汲古書院，二〇〇二年），又可參籾山明，〈春秋・戰國の交〉，《古代文化》四六-一一，一九九四年，頁三-八。

（3）顧頡剛，〈春秋時代的縣〉，《禹貢　半月刊》第七卷第六七合期，頁一六九-一九三。

（4）增淵龍夫，〈先秦時代の封律と郡縣〉（《新版　中國古代の社会と國家》）。

（5）平勢隆郎，〈春秋時代の縣 春秋戰國時代の劃期（1）〉（《左傳の史料批判的研究》東京，汲古書院，一九九八年）。

（6）吉本道雅，《中國先秦史の研究》（京都，京都大学学術出版会，二〇〇五年）第二部下篇第二章注（53）說道：否定縣的世襲支配，是若敖氏之乱以後不仕世族一般性狀況下的結果。

（7）齋藤道子，〈春秋楚國の申縣・陳縣・蔡縣をめぐって〉，《東海大学紀要　文学部》四一，一九八四年，頁二九-四四、谷口満，〈春秋楚縣試論——新縣邑の創設およびその行方——〉，《人文論究》（北海道教育大学）四七，一九八七年，頁四一-七六。

（8）楊寬，〈春秋時代楚國縣制的性質問題〉《楊寬古史論文選集》上海，上海人民出版社，二〇〇三年）。

（9）齋藤道子，〈春秋楚國の申縣・陳縣・蔡縣をめぐって〉。

（10）李家浩，〈先秦文字中的〝縣〞〉（《著名中年語言学家自選集　李家浩巻》合肥，安徽教育出版社，二〇〇二年）。

（11）松井嘉徳，〈『縣』制の遡及〉。

（12）平勢隆郎認爲〝某君〞也是縣的長官，楊寬卻認爲〝某君〞不是縣長官，而是封君。

（13）齋藤道子否定將〝公〞一律視爲縣長官的看法，主張〝公〞未必爲〝縣公〞（〈春秋後期の楚の「公」について——戰國封君出現へ向けての一試論〉，《東洋史研究》四五-二，頁一-二五）。他將楚的〝公〞二分爲直轄地長官（官邑公）和采邑統治者（封邑公）。但是他將楚縣都視爲國王的直屬地，此觀點還需進一步討論。

（14）本書第一章，原載《東洋史研究》六五-四，二〇〇七年，頁一-三八。

（15）周振鶴認爲，春秋縣由以下三個階段發展而來，即（一）縣鄙之縣、（二）縣邑之縣、（三）郡縣之縣（〈縣制起源三階段說〉《中國歷史地理論叢》三，一九九七年，頁二三-三八）。我們需要注意，（二）縣邑之縣和（三）郡縣之縣都是行政單位，（一）縣鄙之縣卻不是單位，而模糊地指更大的範圍。

（16）增淵龍夫，〈先秦時代の封建と郡縣〉，頁四六五。

（17）此兩個字爲地名，釋字待考。

（18）更詳細的討論，可參照李家浩，〈先秦文字中的〝縣〞〉。另外，童書業早就指出叔夷鐘鎛的縣應解釋爲〝縣鄙〞（《童書業歷史地理論集》北京，中華書局，二〇〇四年，頁三二八）。

（19）童書業早就指出，秦武公時期的〝縣〞（①②）出現太早，由此觀點他認爲此〝縣〞不過是〝縣鄙〞的意思（《童書業歷史地理論集》，頁三四〇）。但是他說〝春秋時有較正式之縣制者，似唯晉楚〞，此看法與我不同，春秋時期的秦和楚的〝縣〞在其用法上有相似之處。王輝認爲，武公、厲共公時所見的〝初縣〞之縣〝就是繫於本地之外的一塊飛地。這種縣僅爲一城，不是後代的行政區劃〞（〈秦史三題〉《一粟集》臺北，藝文印書館，頁六四九-六五八）。我同意此看法，尤其他指出〝縣〞的対象是本土外的遠方，此與春秋楚〝縣〞相同，很値得注意。

（20）《史記・趙世家》考成王十一年（前二五五）亦有〝縣上原〞的記載。《趙世家》之所以包含如此古式的句彙，我認爲是因爲它的成立過程較爲特殊。關於此問題，我們還需待進一步研究。

(21) 關於周與晉的密切關係，可參見吉本道雅，《中国先秦史の研究》，第二部上篇第三章。

(22) 作爲戰國楚採用縣制的證據，出土封泥中可見〝蔡還（縣）〟。參見周曉陸・路東之，〈新蔡故城戰國封泥的初步考察〉，《文物》二〇〇五‐一，頁五一‐六一。但是我仍懷疑此資料是否可視爲行政單位的縣。請參看本書第三章。

(23) 關於戰國中期魏國和其鄰國解消領域交錯的過程，請參照本書第二章（原稿刊於《日本秦漢史學會會報》一〇）。

(24) 楊寬，《戰國史》（上海，上海人民出版社，二〇〇三年），頁二一八‐二二〇。

(25) 鎌田重雄，〈郡縣制の起源について〉（東京教育大學東洋史學研究室編，《東洋史學論集》，東京，清水書院，一九五三年），頁二二三。

(26) 重近啓樹，《秦漢税役体系の研究》（東京，汲古書院，一九九九年），頁三〇九。

(27) 《漢書・百官公卿表下》：〝內史，周官，秦因之，掌治京師。〟關於戰國秦的內史，學界中意見有所分歧，其學說整理可以參看重近啓樹，《秦漢税役体系の研究》，頁二七九‐三〇二。

(28) 藤田勝久，《中國古代國家と郡縣社會》，頁六四。

(29) 角谷定俊，〈秦における青銅工業の一考察——工官を中心に——〉《駿臺史學》五五，頁二九‐四九。

(30) 佐原康夫，《漢代都市機構の研究》（東京，汲古書院，二〇〇二年），頁一五三。

(31) 后曉榮《秦代政區地理》（北京，社會科學文獻出版社，二〇〇九年）全面收集了有關秦郡的資料，尤其是近年出土的考古資料。

(32) 關於戰國秦郡，雖然出土封泥等新資料中也有許多有關文字，但是目前從這些資料無法知道具體的置郡的絶対年代，所以在此不予討論。

(33) 原載《古代文化》六一‐四，二〇一〇年，頁五六‐七五。

(34) 關於戰國時期的上計，可參楊寬，《戰國史》，頁二一七。

(35) 重近啟樹，《秦漢税役体系の研究》，頁二八二‐二八七。

(36) 整理者認爲此律可能屬於廄苑律（睡虎地秦墓竹簡整理小組，《睡虎地秦墓竹簡》北京，文物出版社，一九九〇年，頁一四‐二五）。

(37) 江村治樹也指出，睡虎地秦簡出土於當時的南郡地域，其中秦律原適用於内史管區內（〈雲夢睡虎地出土秦律の性格〉《春秋戰國秦漢時代出土文字資料の研究》東京，汲古書院，二〇〇〇年）。

（38）請參看本書第四章。另外需要參考的是，杜正勝《編戸齊民》（臺北，聯經出版，一九九〇年，頁一二四）認爲：魏國失去上郡之後，在內地並沒有再設置郡。其旁證是戰國晚期，《史記》中魏的領域以縣爲單位進行敘述，如《史記・魏世家》〝所亡於秦者，……大縣數十，名都數百〞、《史記・穰侯列傳》〝魏氏悉其百縣勝甲以上戍大梁。〞

（39）楊寬，《戰國史》，頁二二八。

（40）楊寬，《戰國史》，頁二二八。

（41）先學已經指出齊國無郡（嚴耕望，《中國地方行政制度史　甲部　秦漢地方行政制度》臺北，中央研究院歷史語言研究所，一九九〇年，頁三、楊寬《戰國史》，第六章）。這是否與齊國領域狀況有關係，還待進一步討論。

（42）齊思和，〈戰國制度考〉（《中國史探研》石家庄，河北教育出版社，二〇〇三年），頁一九四。

引用文献一覧

【和文】（五十音順）

池田雄一　二〇〇二『中国古代の聚落と地方行政』東京、汲古書院。
――――　二〇〇八『中国古代の律令と社会』東京、汲古書院。
伊藤道治　一九六八「春秋会盟地理考――西周地理考の二――」『田村博士頌寿東洋史論叢』京都、同朋舎。
――――　一九八七『中国古代国家の支配構造――西周封建制度と金文――』東京、中央公論社。
宇都木章　一九九二『春秋時代の戦乱』東京、新人物往来社。
――――　一九九五「『春秋』にみえる魯の「邑に城く」ことについて」五井直弘編『中国の古代都市』東京、汲古書院。
宇都宮清吉一九五五『漢代社会経済史研究』東京、弘文堂。
江村治樹　二〇〇〇『春秋戦国秦漢時代出土文字資料の研究』東京、汲古書院。
太田幸男　二〇〇〇「日本における中国古代都市国家論の検討――貝塚茂樹・宮崎市定両氏の所論に関して――」『西嶋定生博士追悼論集　東アジア史の展開と日本』東京、山川出版社。
岡村秀典　二〇〇五『中国古代王権と祭祀』東京、学生社。
小倉芳彦　一九八九『春秋左氏伝（下）』東京、岩波書店。
貝塚茂樹　一九三二「春秋時代に於ける叛と奔との意義」『史林』一七―二、貝塚茂樹一九七七a所収。
――――　一九七六『貝塚茂樹著作集』一、東京、中央公論社。
――――　一九七七a『貝塚茂樹著作集』二、東京、中央公論社。

――――　一九七七ｂ『貝塚茂樹著作集』四、東京、中央公論社。
加藤繁　一九五二「算賦についての小研究」『支那経済史考証』上巻、東京、東洋文庫。
鎌田重雄　一九五三「郡県制の起源について」東京教育大学東洋史学研究室編『東洋史学論集』東京、清水書院。
――――　一九六二「秦三十六郡」『秦漢政治制度の研究』東京、日本学術振興会。
工藤元男　一九九八『睡虎地秦簡よりみた秦代の国家と社会』東京、創文社。
――――　二〇〇六「秦の巴蜀支配と法制・郡県制」『アジア地域文化学の構築』東京、雄山閣。
小林伸二　一九九二「春秋時代の侵伐について」『大正大学大学院研究論集』一六。
――――　二〇〇一「春秋時代の「取」邑について――鄙邑の存立形態――」『国士館史学』九。
齋藤（安倍）道子　一九八四「春秋楚国の申県・陳県・蔡県をめぐって」『東海大学紀要　文学部』四一。
――――　一九八六「春秋後期の楚の「公」について――戦国封君出現へ向けての一試論」『東洋史研究』四五―二。
――――　二〇〇一「春秋時代の境界空間と秩序――「国」の空間構造――」『東海史学』三五。
佐藤武敏　一九七一「商鞅県制に関する覚書」大阪市立大学中国史研究会編『中国史研究』六、大阪、大阪市立大学中国史研究会。
佐原康夫　二〇〇二『漢代都市機構の研究』東京、汲古書院。
重近啓樹　一九九九『秦漢税役体系の研究』東京、汲古書院。
下田誠　二〇〇八ａ『中国古代国家の形成と青銅兵器』東京、汲古書院。
――――　二〇〇八ｂ「戦国期を中心とする中国古代国家形成論――その現状と課題――」『歴史評論』六

九九。
杉村伸二　二〇〇五「郡国制の再検討」『日本秦漢史学会会報』六。
角谷定俊　一九八二「秦における青銅工業の一考察――工官を中心に――」『駿台史学』五五。
谷口満　一九八七「春秋楚県試論――新県邑の創設およびその行方――」『人文論究』（北海道教育大学）四七。
西嶋定生　一九六一『中国古代帝国の形成と構造――二十等爵制の研究』東京、東京大学出版会。
久村因　一九五五「秦の上庸郡について」『東方学』一一。
――　一九五六「楚・秦の漢中郡について」『史学雑誌』六五―九。
平勢隆郎　一九八一「楚王と県君」『史学雑誌』九〇―二、平勢隆郎一九九八所収。
――　一九八二「春秋晋国世族とその管領邑」『鳥取大学教育学部研究報告』（人文・社会科学）三三、平勢隆郎一九九八所収。
――　一九八三「春秋晋国世族とその管領邑：続」『鳥取大学教育学部研究報告』（人文・社会科学）三四、平勢隆郎一九九八所収
――　一九九八『左伝の史料批判的研究』東京、汲古書院。
廣瀬薫雄　二〇〇一「包山楚簡所謳分析」『郭店楚簡の思想史的研究』五。
藤田勝久　一九八四「中国古代の関中開発」『佐藤博士退官記念中国水利史論叢』東京、国書刊行会、藤田勝久二〇〇五所収。
――　一九九二「戦国秦の領域形成と交通路」『出土文物による中国古代社会の地域的研究』平成一・三年度科学研究費補助金一般研究（B）研究成果報告書、藤田勝久二〇〇五所収。

――　一九九八　「包山楚簡研究の新段階――陳偉著『包山楚簡』初探――」『中国出土資料研究』二。

――　一九九九　「包山楚簡よりみた戦国楚の県と封邑」『中国出土資料研究』三、藤田勝久二〇〇五所収。

――　二〇〇五　『中国古代国家と郡県社会』東京、汲古書院。

――　二〇〇九　『中国古代国家と社会システム』東京、汲古書院。

増淵龍夫　一九五八　「先秦時代の封建と郡県」『一橋大学研究年報　経済学研究Ⅱ』、増淵龍夫一九六〇、同一九九六所収。

――　一九六〇　『中国古代の社会と国家――秦漢帝国成立過程の社会史的研究』東京、弘文堂。

――　一九六九　「歴史認識における尚古主義と現実批判――日中両国の「封建」・「郡県」論を中心にして――」『岩波講座哲学Ⅳ　歴史の哲学』東京、岩波書店。

――　一九七〇　「春秋戦国時代の社会と国家」『岩波講座　世界歴史』四、東京、岩波書店。

――　一九九六　『新版　中国古代の社会と国家』東京、岩波書店。

町田三郎　一九八五　『秦漢思想史の研究』東京、創文社。

松井嘉徳　一九九三　「『県』制遡及に関する議論及びその関連問題」『泉屋博古館紀要』九、松井嘉徳二〇〇二所収。

――　二〇〇二　『周代国制の研究』東京、汲古書院。

松丸道雄　一九七〇　「殷周国家の構造」『岩波講座　世界歴史』四、東京、岩波書店。

松本光雄　一九五二　「中国古代の邑と民・人との関係」『山梨大学学芸学部研究報告』三。

――　一九五三　「中国古代社会に於ける分邑と宗と賦について」『山梨大学学芸学部研究報告』四。

宮宅潔　二〇一〇『中国古代刑制史の研究』京都、京都大学学術出版会。
宮崎市定　一九九一『宮崎市定全集』三、東京、岩波書店。
籾山明　一九九四「春秋・戦国の交」『古代文化』四六―一一。
森谷一樹　二〇〇六「二年律令にみえる内史について」冨谷至編『江陵張家山二四七號墓出土漢律令の研究　論考篇』京都、朋友書店。
守屋美都雄一九六八『中国古代の家族と国家』京都、東洋史研究会。
山田勝芳　二〇〇二「張家山二四七号漢墓竹簡『二年律令』と秦漢史研究」『日本秦漢史学会会報』三。
吉本道雅　一九九八「史記戦国紀年考」『立命館文学』五五六。
――――　二〇〇〇「商君変法研究序説」『史林』八三―四。
――――　二〇〇一「国制史」『殷周秦漢時代史の基本問題』東京、汲古書院。
――――　二〇〇二「左伝成書考」『立命館東洋史学』二五。
――――　二〇〇五『中国先秦史の研究』京都、京都大学学術出版会。
――――　二〇〇八「東胡考」『史林』九一―二。
渡邉英幸　二〇一〇『古代〈中華〉観念の形成』東京、岩波書店。

【中文】（ピンイン順）
蔡興安　一九六五「秦代郡県守令制度考」『大陸雑誌』三一―一二。
陳長琦　一九九七「郡県制確立時代論略」『戦国秦漢六朝史研究』広州、広東人民出版社。
陳平　一九八七「試論戦国型秦兵器的年代及有関問題」『中国考古学研究論集　紀念夏鼐先生考古五十

周年』西安、三秦出版社。
陳橋駅　二〇〇七『水経注校証』北京、中華書局。
陳松長　二〇〇九「嶽麓書院蔵秦簡中的郡名考略」『湖南大学学報（社会科学版）』二〇〇九―一。
陳偉　一九九二『楚〝東国〟地理研究』武昌、武漢大学出版社。
――　一九九六『包山楚簡初探』武昌、武漢大学出版社。
――　一九九八ａ「楚国第二批司法簡芻議」中国社会科学院簡帛研究中心編『簡帛研究』三、南寧、広西教育出版社。
――　一九九八ｂ「包山楚簡中的宛郡」『武漢大学学報（哲学社会科学版）』一九九八―六。
――　二〇〇三「秦蒼梧・洞庭二郡芻論」『歴史研究』二〇〇三―五。
陳偉等　二〇〇九『楚地出土戦国簡冊［十四種］』北京、経済科学出版社。
程発軔　一九六七『春秋左氏伝地名図考』台北、広文書局。
杜正勝　一九九〇『編戸斉民』台北、聯経出版。
――　一九九二『古代社会与国家』台北、允晨文化實業。
方詩銘・王修齢　二〇〇五『古本竹書紀年輯証（修訂本）』上海、上海古籍出版社。
馮天瑜　二〇〇七『「封建」考論（第二版）』武昌、武漢大学出版社。
葛英会　一九九六「包山簡文釈詞両則」『南方文物』一九九六―三。
顧頡剛　一九三七「春秋時代的県」『禹貢　半月刊』第七巻第六七合期。
顧久幸　一九九三「楚国地方基層行政機構探討」『江漢論壇』一九九三―七。
故宮博物院編　一九八一『古璽彙編』北京、文物出版社。

廣瀬薫雄　二〇〇四「楚国行書制度管窺」楚文化研究会編『楚文化研究論集』六、武漢、湖北教育出版社。
――――　二〇〇七「包山楚簡《受期》〝阩門又敗〟再探」武漢大学簡帛研究中心主辦『簡帛』二、上海、上海古籍出版社。
韓自強　二〇〇八「過眼雲煙――記新見五件晋系銘文兵器」『古文字研究』二七。
韓自強・韓朝　二〇〇〇「安徽阜陽出土楚国官璽」『古文字研究』二一。
郝士宏　二〇〇六「〝睘〟応読為県」『文物』二〇〇六―一一。
河南省文物考古研究所編　二〇〇三『新蔡葛陵楚墓』鄭州、大象出版社。
湖北省荊沙鉄路考古隊　一九九一a『包山楚簡』北京、文物出版社。
湖北省荊沙鉄路考古隊　一九九一b『包山楚墓』上冊、北京、文物出版社。
湖北省文物考古研究所・北京大学中文系編　二〇〇〇『九店楚簡』北京、中華書局。
胡平生　一九九七「説包山楚簡的「謀」」張光裕等編『第三届国際中国古文字学研討会論文集』香港、香港中文大学中国語言及文学系・香港中文大学中国文化研究所。
湖南省文物考古研究所編　二〇〇七『里耶発掘報告』長沙、嶽麓書社。
黄盛璋　一九九四「包山楚簡中若干重要制度発復与争論未決諸関鍵字解難・決疑」『湖南考古集刊』六。
――――　二〇〇一「秦兵器分国断代与有関制度研究」『古文学研究』二一。
黄錫全　二〇〇一「楚簡〝宦〟字簡釈」李学勤・謝桂華主編『簡帛研究　二〇〇一』桂林、広西師範大学出版社。
――――　二〇一〇「介紹両枚楚官璽」『古文字研究』二八。
黄彰健　一九五四「釈漢志所記秦郡与漢郡国的増置」『国立中央研究院院刊』一。

后暁栄　二〇〇六「秦統一初年置三十六郡考」『殷都学刊』二〇〇六―一、后暁栄二〇〇九所収。
――　二〇〇九『秦代政区地理』北京、社会科学文献出版社。
賈連敏　二〇〇四「新蔡葛陵楚簡中的祭祷文書」『華夏考古』二〇〇四―三
荊門市博物館編　一九九八『郭店楚墓竹簡』北京、文物出版社。
李家浩　一九八七「先秦文字中的〝縣〞」『文史』二八、李家浩二〇〇二所収。
――　二〇〇一「包山祭祷簡研究」李学勤・謝桂華主編『簡帛研究　二〇〇一』桂林、広西師範大学出版社。
――　二〇〇二『著名中年語言学家自選集　李家浩巻』合肥、安徽教育出版社。
――　二〇〇六「談包山楚簡〝帰鄧人之金〞一案及其相関問題」復旦大学出土文献与古文字研究中心編『出土文献与古文字研究』一、上海、復旦大学出版社。
李天虹　二〇〇五「楚簡文字形体混同・混譌挙例」『江漢考古』二〇〇五―三。
李暁傑　二〇〇三「戦国時期魏国境域変遷考」『歴史地理』十九。
――　二〇〇七「戦国秦県新考」『歴史地理』二二。
劉琳　一九八四『華陽国志校注』成都、巴蜀書社。
劉信芳　一九九七「包山楚簡職官与官府通考」上・下『故宮学術季刊』一五―一・一五―二。
――　二〇〇三『包山楚簡解詁』台北、藝文印書館。
梁玉縄　一九八一『史記志疑』北京、中華書局。
林剣鳴　一九八一『秦史稿』上海、上海人民出版社。
魯鑫　二〇〇八「包山楚簡州・里問題研究綴述」『中原文物』二〇〇八―二。

路偉東　二〇〇二「再論〝郡〟的起源」『江西広播電視大学学報』二〇〇二―一。
羅運環　一九九一「論包山簡中的楚国州制」『江漢考古』一九九一―三。
――　二〇〇二「⿱宀邑字考辨」『古文字研究』二四。
――　二〇〇五「釈包山楚簡⿱宀或敔⿱宀邑三字及相関制度」李学勤・謝桂華主編『簡帛研究　二〇〇二・二〇〇三』桂林、広西師範大学出版社。
馬非百　一九八二『秦集史　下』北京、中華書局。
宓三能　一九九一「戦国時魏国未曾設置河東郡」『中国歴史地理論叢』一九九一―四。
駢宇騫・段書安編　二〇〇六『二十世紀出土簡帛綜述』北京、文物出版社
朴俸柱　二〇〇五「戦国楚的地方統治体制――関於〝県邑〟支配体制〟的試論之一部分」李学勤・謝桂華主編『簡帛研究　二〇〇二・二〇〇三』桂林、広西師範大学出版社。
斉思和　一九三八「戦国制度考」『燕京学報』二四、斉思和二〇〇〇所収。
――　二〇〇〇『中国史探研』石家荘、河北教育出版社。
銭林書　一九九九「戦国時期魏国置郡考」『歴史地理』一五。
銭穆　一九三七「秦三十六郡考」『禹貢　半月刊』第七巻六七合期、銭穆一九八二所収。
――　一九八二『古史地理論叢』台北、東大図書公司。
――　二〇〇一ａ『史記地名考』北京、商務印書館。
――　二〇〇一ｂ『先秦諸子繫年』北京、商務印書館。
任乃強　一九八七『華陽国志校補図注』上海、上海古籍出版社。
容庚　一九三五「秦始皇刻石攷」『燕京学報』一七。

施謝捷　一九九八「簡帛文字校釈札記」中国社会科学院簡帛研究中心編『簡帛研究』三、南寧、広西教育出版社。
睡虎地秦墓竹簡整理小組　一九九〇『睡虎地秦墓竹簡』北京、文物出版社。
史念海　一九六三「春秋時代的交通道路」『河山集』北京、生活・読書・新知三聯書店。
孫華　一九八五「巴蜀為郡考」『社会科学研究』一九八五―二、孫華二〇〇〇所収。
――　二〇〇〇『四川盆地的青銅時代』北京、科学出版社。
宋傑　二〇〇二「魏在戦国前期的地理特徴与作戦方略」『首都師範大学学報(社会科学版)』二〇〇二―一。
譚其驤　一九八二『中国歴史地図集　第一冊』上海、地図出版社。
――　一九八七「秦郡新考」『長水集(上)』北京、人民出版社。
滕壬生・黄錫全　二〇〇一「江陵磚瓦廠M370楚墓竹簡」李学勤・謝桂華主編『簡帛研究　二〇〇一』桂林、広西師範大学出版社。
童書業　二〇〇四『童書業歴史地理論集』北京、中華書局。
王輝　二〇〇〇『秦出土文献編年』台北、新文豊出版公司。
――　二〇〇二「秦史三題」『一粟集』台北、藝文印書館。
王偉　二〇一〇「嶽麓書院蔵秦簡所見秦郡名称補正」『考古与文物』二〇一〇―五。
王穎　二〇〇八『包山楚簡詞彙研究』厦門、厦門大学出版社。
呉良宝　二〇一〇『戦国楚簡地名輯証』武漢、武漢大学出版社。
肖毅　二〇〇一「古璽所見楚系官府官名考略」『江漢考古』二〇〇一―二。

謝桂華・李均明・朱国炤　一九八七『居延漢簡釈文合校』北京、文物出版社。
辛徳勇　二〇〇六「秦始皇三十六郡新考」上・下『文史』二〇〇六―一・二〇〇六―二。
徐少華　一九九〇「関於春秋楚県的幾個問題」『江漢論壇』一九九〇―二、徐少華二〇一〇所収。
――　一九九四『周代南土歴史地理与文化』武昌、武漢大学出版社。
――　二〇一〇『荊楚歴史地理与考古探研』北京、商務印書館。
許宏　二〇〇〇『先秦城市考古学研究』北京、北京燕山出版社。
許維遹　二〇〇五『韓詩外伝集釈』北京、中華書局。
厳耕望　一九九〇『中国地方行政制度史　甲部　秦漢地方行政制度』台北、中央研究院歴史語言研究所。
顔世鉉　一九九七『包山楚簡地名研究』台北、国立台湾大学中国文学研究所碩士論文。
楊伯峻　一九八一『春秋左伝注（修訂本）』北京、中華書局。
楊寛　一九五五『商鞅変法』上海、上海人民出版社。
――　一九八一「春秋時代楚国県制的性質問題」『中国史研究』一九八一―四、楊寛二〇〇三ａ所収。
――　一九八二「戦国秦漢的監察和視察地方制度」『社会科学戦線』一九八二―二、楊寛二〇〇三ａ所収。
――　二〇〇一『戦国史料編年輯証』上海、上海人民出版社。
――　二〇〇三ａ『楊寛古史論文選集』上海、上海人民出版社。
――　二〇〇三ｂ『戦国史』上海、上海人民出版社。
楊寛・呉浩坤　二〇〇五『戦国会要』下、上海、上海古籍出版社。
楊守敬・熊会貞　一九八九『水経注疏』南京、江蘇古籍出版社。

詹今慧　二〇〇八　「『包山楚簡』法律文書封建／郡県権力結構初探」『高明教授百歳冥誕紀念学術研討会』
発表資料。
趙平安　二〇〇三　「戦国文字中的「宛」及其相関問題研究――以与県有関的資料為中心」張光裕主編
『第四届国際中国古文字学研討会論文集――新世紀的古文字学与経典詮釈』香港、香港中文大学
中国語言及文学系。
中国社会科学院考古研究所　一九八四　『殷周金文集成』第一冊、北京、文物出版社。
鍾鳳年　一九三七　「戦国疆域変遷考　序例（続）」『禹貢　半月刊』第七号第六七合期。
周鳳五　一九九六　「包山楚簡『集箸』『集箸言』析論」『中国文字』新二一。
周書燦　二〇〇三　「春秋時期〝県〞的組織形式和管理形態」『江海学刊』二〇〇三―三。
周暁陸・路東之　二〇〇五　「新蔡故城戦国封泥的初歩考察」『文物』二〇〇五―一。
周振鶴　一九九七　「県制起源三階段説」『中国歴史地理論叢』三。
――――　二〇〇五　「秦代洞庭・蒼梧両郡懸想」『復旦学報（社会科学版）』二〇〇五―五。
鄒水傑　二〇〇七　「簡牘所見秦漢県禄秩等級演変考」『北大史学』一二。
諸祖耿　二〇〇八　『戦国策集注匯考（増補本）』南京、鳳凰出版社。

あとがき

本書は二〇〇九年十二月に京都大学大学院文学研究科に提出し、学位を授与された博士論文に必要な補訂を加えたものである。各章の初出は以下の通り。

緒　言　書き下ろし
第一章「春秋時代の領域支配――邑の支配をめぐって――」『東洋史研究』六五―四、二〇〇七年。
第二章「「県」の系譜――「商鞅県制」の前提として――」『日本秦漢史学会会報』一〇（待刊）。
第三章「包山楚簡の宮と宮大夫」『史林』九三―四、二〇一〇年。
第四章「先秦期における「郡」の形成とその契機」『古代文化』六一―四、二〇一〇年。
結　論　書き下ろし
附　論「先秦時代的地域支配：以〝郡縣制〟形成前夕為中心」『古代文明研究室専題演講』於中央研究院歴史語言研究所、二〇一〇年十二月（講演資料）。

本書に再録するにあたって論旨に大きな変更はないが、認識を改めた部分がある。特に重要な修正は、新蔡故城出土の封泥「蔡睘」を楚の県とすることを否定した点である。第一章を論文として公刊した段階ではこの封泥を戦国楚県の資料として言及していたが、のちに第三章を本書で修訂する段階に至り、包山楚簡の「宮」が県のような行政単位そのものではなく地方附置の何らかの部署や施設であるとした結果から、「睘」

も同類ではないかとの着想を得たことによる。戦国封泥の研究全体を踏まえてなお検討を加える余地が残るが、それについては今後の課題としたい。

道半ばどころかまだ独り立ちすらままらない未熟な段階ではあるが、この場を借りて学恩を蒙った先生方に謝辞を述べさせていただきたい。

学位審査にあたっては、吉本道雅・夫馬進・杉山正明の三先生より有益な助言と批判をいただいた。主査の吉本先生からは資料解釈など基本的な事実認識から論旨の矛盾点まで、詳細かつ広範にわたって極めて重要な批正を頂戴した。夫馬先生・杉山先生には卒業論文・修士論文・博士論文とすべての学位論文を審査していただいたことになるが、この度もまた、より俯瞰的な立場から拙稿について討議を加えていただき、幅広いパースペクティヴから歴史研究をおこなうことの重要さに感じ入る次第であった。自由な研究を許してくれながら、節目節目で大きな指針を示してくださった先生方に感謝申し上げたい。

私が中国古代史研究を志したことには、京都大学の三人の先生との出会いが強く影響している。学部三回生で東洋史専修に進み特殊講義を受講することになった際、非常勤講師として立命館大学から出講されていたのが吉本道雅先生であった。その二年後、私が修士課程に進学するのと時を同じくして吉本先生が京都大学に転任してこられた。そのままご指導を仰げることになったのはまことに幸運であったというほかない。修士論文・博士論文の主査を担当していただいたことに加え、本書の刊行に際しても先生のご尽力を賜った。

同じく私が三回生の頃に協力講座として東洋史の特殊講義を担当されていた人文科学研究所の浅原達郎先生には、講義とは別に初歩的な漢文の手ほどきをしていただいた。浅原先生からは漢文の基礎だけではなく研究者として大事なことを色々と教わったが、そのときの経験がなければ、私の研究能力は恐ろしく偏ったものになっていたに違いない。研究の入り口に立つ前にこのような経験ができたことで、私にとっての入り口の扉はずいぶん軽くなったように思われる。

学部時代、吹奏楽に明け暮れていた私はその活動のためにどうしても受講「できない」講義があり、その一つを担当されていたのが同じく人文科学研究所の冨谷至先生であった。冨谷先生の講義を初めて受けることができたのは修士課程に進学してからのことであったが、その後も講義や研究班を通じて漢文そして漢簡の扱いを学ぶことで、研究の視野が大きく広げられた。また先生の紹介によって台北の中央研究院歴史語言研究所で訪問研究員として一年間滞在することができ、また現在では日本学術振興会特別研究員の受け入れ研究者としてご指導いただいている。

中国古代史の三人の専家から直接の指導を賜ることができるというこの優渥な環境に対すれば、いかにも不釣り合いな我が身の未熟が痛感されるが、これまでの学恩と、今もなお京都大学に籍を置いて先生方からの啓発を不断に受けていられることに、心から感謝している。

右記のように、私は二〇〇八年の夏から一年のあいだ中央研究院歴史語言研究所に訪問研究員として滞在することできた。最高の研究環境を与えていただいた、当時の受け入れ研究者である劉增貴先生、講義と読書会への参加を許していただいた邢義田先生、毎日のように昼食をともにして私の中国語能力を大きく引き上げてくれた陳昭容先生に感謝申し上げたい。史語所の先生方は私のような若輩にも分け隔てなく接してくださり、じつに知的刺激に満ちた一年を過ごすことができた。さらに日本に帰国してのち、陳昭容先生および古代文明研究室を主宰する黄銘崇先生から、史語所において研究発表をおこなう機会を設けていただいた。極めて貴重な機会を与えてくださった両先生にあらためて感謝申し上げたい。その際の発表資料を本書に附論として収録したことは緒言にて述べた通りである。そして学問においても生活においても多大な支援を賜った黄川田修先生（国立台南芸術大学兼任助理教授）には、私にとって最も身近な中国考古学の専門家として、文字に偏りがちであった私の関心を良い意味でずらしていただいた。台湾での交流すべてに、本当に感謝している。

そのほかお世話になった国内外の先生方や畏友諸兄姉の名前は挙げきれないが、あらゆる交流が研究の糧となっていることをいま実感している。

課程博士を修了したばかりの私にとって、本書の刊行は全く予期せぬ出来事であった。曲がりなりにも博士論文を提出したとはいえ、見返すほどに質・量に対する不満が自覚される内容であったため、学術界の現況からしていずれ若いうちに刊行できれば、と夢想するにしても、ゆっくりと時間をかけて手直しを加えてからのことだと、さほど具体的に考えていたわけではなかった。そのような折に、吉本先生から京都大学文学研究科の課程博士論文出版助成事業に応募することを慫慂いただいた。かなり逡巡したのだが、最終的に応募を決断したのは、先生の薦めが心強かったことはもとより、次の機会がいつになるかわからないどころかそれがあるかどうかもわからないのに可惜これを見逃す手はないと考えたからである。幸いにして採用の連絡を受けたのが昨年十一月のことであった。それから脱稿までの間、たまたま複数の学会発表や論文執筆の準備が重なってしまい、それらとの同時並行を余儀なくされたため思うように時間は取れなかったが、学位審査などでの先生方からの指摘を取り入れたり、また折に触れて書き散らしていたノートを整理して本書に書き加えるなど、できる限りの修訂を急ぎおこなった。残された課題も多く、拙速の二文字は常に意識の端にちらついて離れてくれない。これまで蒙った学恩をすべて結実させることができたとは到底言えないが、本書を一区切りとして大方の叱正を乞うこととしたい。言うまでもなくすべての文責は私にある。

本書の刊行にあたっては、京都大学の平成二十二年度総長裁量経費　若手研究者に係る出版助成事業による助成を受けた。末筆ながら感謝申し上げる。

二〇一一年二月

著　者　識

【附記】　三月一一日の震災、また原発の影響によって、多くの方々の人命と日常が奪われてしまった。研究以外の私事についてはなるべく避けるつもりであったが、どうしても、福島の実家が被災した妻と私たちの家族を、小著の刊行によってここで励ますことを許していただきたい。現実の重みに対すれば何ほどの効用も期待できるわけではないが、普通の生活がたまたま奪われてないだけの私にできることは自分の仕事しかない。拙いながらもせめて自分の仕事を進めることで、身の回りの人たちを支えるとまではいかずとも、一緒に喜べる出来事をひとつずつ増やしたいと思う。

マ行

ヤ行

ラ行

発音存疑

タ行

ナ行

ハ行

サ行

事項索引

地名については本文中で解説・考証を付するなど、特に重要なもののみ掲げた。

索　　引

附論の語彙は内容的に重複するため採録していない。

人名・研究組織名索引

漢字名はすべて日本語音で一括して掲載した。

著者略歴

土口　史記（つちぐち　ふみのり）

日本学術振興会特別研究員ＰＤ

（京都大学人文科学研究所）

一九八二年　三重県熊野市生まれ。

二〇〇九年　京都大学大学院文学研究科博士後期課程修了（東洋史学専修）。

二〇一〇年　京都大学博士（文学）。

主要論文

「春秋時代の領域支配―邑の支配をめぐって―」『東洋史研究』第六五巻第四号、二〇〇七年、「先秦期における郡の形成とその契機」『古代文化』第六一巻第四号、二〇一〇年、ほか。

プリミエ・コレクション　6

先《せん》秦《しん》時《じ》代《だい》の領《りょう》域《いき》支《し》配《はい》

二〇一一年六月三十日　初版　第一刷発行

著　者　土《つち》口《ぐち》史《ふみ》記《のり》

発行者　檜山爲次郎

発行所　京都大学学術出版会

〒606-8315　京都市左京区吉田近衛町六九京都大学吉田南構内

電話〇七五(七六一)六一八二　ＦＡＸ〇七五(七六一)六一九〇

URL　http://www.kyoto-up.or.jp/

印刷所　亜細亜印刷　株式会社

定価はカバーに表示してあります

ISBN978-4-87698-563-0　C3322